Weigert/Weigert · Schülerbeobachtung

Gunnar Geese
Buchenweg 3
18442 Negast

Die Reihe »Werkstattbuch Grundschule«
wird herausgegeben von Dieter Haarmann

Hildegund Weigert/Edgar Weigert

Schüler-
beobachtung

Ein pädagogischer Auftrag

Beltz Verlag · Weinheim und Basel

Über die Autoren:

Hildegund Weigert, Jg. 1943, Grund- und Hauptschullehrerin, seit 1985 Rektorin der Grundschule in Seelze.

Edgar Weigert, Jg. 1925, Grund- und Hauptschullehrer, Rektor 1962–1974, Schulamtsdirektor 1974–1979, Regierungs-Schuldirektor bei der Bezirksregierung in Hannover 1979–1990.

Die Deutsche Bibliothek – CIP-Einheitsaufnahme

Weigert, Hildegund: ein pädagogischer Auftrag /
Hildegund Weigert ; Edgar Weigert. - Weinheim ; Basel : Beltz, 1993
  (Beltz Praxis) (Werkstattbuch Grundschule)
  ISBN 3-407-62171-X
NE: Weigert, Edgar:

Lektorat: Peter E. Kalb

© 1993 Beltz Verlag · Weinheim und Basel
Herstellung: Klaus Kaltenberg
Satz (DTP): Satz- und Reprotechnik GmbH, Hemsbach
Druck: Druckhaus Beltz, Hemsbach
Umschlaggestaltung: Atelier Warminski, Büdingen
Printed in Germany

ISBN 3-407-62171-X

Inhaltsverzeichnis

Vorwort

»Fangt also damit an, eure Schüler besser zu studieren, denn ihr kennt sie bestimmt nicht«, fordert J.-J. Rousseau im Vorwort zu seinem »Emile« auf.

Würde Rousseau – aufgrund veränderter Kindheitsbedingungen, mit denen ein Wandel der Kinderkultur einhergeht – heute nicht mit gleichem Nachdruck zur Schülerbeobachtung auffordern?!

Schülerbeobachtung ergibt sich aus bildungs- und gesellschaftspolitischen Zielsetzungen. Individualisierung, Integration, Chancengerechtigkeit, Durchlässigkeit, Mobilität seien als einige Stichpunkte genannt.

Schülerbeobachtung ist aber auch ein entscheidendes Teilelement der Unterrichtsgestaltung im allgemeinen, insbesondere aber einer partiellen bzw. grundsätzlichen Neugestaltung unterrichtlicher Bemühungen. Differenzierende Unterrichtsverfahren, individuelles Lernen, freie Arbeit, Öffnung des Unterrichts lassen sich ohne kontinuierliche Beobachtung weder verantwortbar organisieren noch didaktisch und methodisch effizient gestalten.

Schülerbeobachtung als pädagogischer Auftrag geht von der Einheit der Diagnose, Prognose und des pädagogischen Handelns aus. Sie schließt Beratung der Schüler(innen), Erziehungsberechtigten und Lehrer(innen) ein. Sie stößt dort auf Grenzen, wo Erkenntnisse ohne Konsequenzen bleiben müssen. Sei es, daß gemeinsames Vorgehen nicht ermöglicht werden kann oder adäquate Lernhilfen nicht organisiert werden können.

Schülerbeobachtung ist Voraussetzung für die Verbesserung sowie Objektivierung der Schülerbeurteilung. Dabei sind Zensuren allein nicht ausschlaggebend, wichtiger ist es, die Entfaltung der Grunddimensionen menschlicher Fähigkeiten zu erkennen und zu beschreiben.

Auf die besondere Bedeutung der Schülerbeobachtung während der Schuleingangsphase haben wir in dem Buch »Schuleingangsphase« aus der Reihe *Beltz Praxis* hingewiesen. Im »Handbuch Grundschule«, Bd. 1, ist von Edgar Weigert ein Beitrag zur Schülerbeobachtung erschienen, in dem zum Phänomen der Beobachtung und zu den Aufgaben und Möglichkeiten Grundsätzliches ausgesagt wird.

Wir möchten mit diesem Buch ermuntern und zur Schülerbeobachtung auffordern zum Wohl der uns anvertrauten Kinder, zugleich auch im eigenen Interesse. Haben wir durch praktizierte Beobachtung gelernt, zuerst zu sehen, was ein Kind schon kann und erst danach darauf zu achten, was es noch nicht erreicht hat bzw. wo und wodurch es von der Norm abweicht, sind wir imstande, die Möglichkeiten der Schülerbeobachtung positiv zu nutzen. So finden wir eine pädagogische Einstellung zur Schülerbeobachtung, die das Problem der scheinbaren Zweiteilung zwischen Beobachten und Unterrichten zu lösen vermag. Ergebnisse der Schülerbeobachtung werden dann als hilfreiche Voraussetzung dafür gesehen, das Lern-, Arbeits- und Sozialverhalten der Kinder besser zu verstehen und demzufolge pädagogisch sinnvoll und zweckmäßig zu handeln. Beobachtungsergebnisse werden dann auch als ein Mittel verstanden, das hilft, die Persönlichkeit zu stabilisieren.

Hildegund und Edgar Weigert

I. Beobachtung als Phänomen

1. Definition

Beobachtung ist »die absichtliche, aufmerksam selektive Art des Wahrnehmens, die ganz bestimmte Aspekte auf Kosten von anderen ... beachtet. Gegenüber dem üblichen Wahrnehmen ist das beobachtende Verhalten planvoller, selektiver, von einer Suchhaltung bestimmt und von vornherein auf die Möglichkeit der Ausweitung des Beobachteten im Sinne der übergreifenden Absicht gerichtet.« (Graumann/Heckhausen: Reader zum Funkkolleg Pädagogische Psychologie I, Ffm., S. 15.)

2. Reiz und Empfindung

Will man Beobachten als Phänomen erläutern, ist zwischen Empfindung, Wahrnehmung und Beobachtung zu unterscheiden (vgl. Aster/Merkens). Von der Vielzahl unterschiedlicher Reize, die aus der Umwelt ständig auf uns einströmen, erreichen uns viele so schwach, daß sie uns nicht bewußt werden. Diejenigen Außenreize, die die Bewußtseinsschwelle überschreiten, gewissermaßen nach Überwindung eines physiologischen Filters, bezeichnen wir als Empfindungen.

Sie sind das »Rohmaterial« der Beobachtung, während Reize, die uns nicht bewußt werden, für die Beobachtung keine Relevanz haben. Welche Reize uns bewußt werden, hängt einerseits von physiologischen Vorbedingungen ab, ist folglich willentlich nicht zu beeinflussen, andererseits auch von unserer Aufmerksamkeit, d.h., wir können beeinflussen, welche Reize unser Bewußtsein erreichen (sollen). Der Hörfähigkeit z.B. sind individuell unterschiedliche Grenzen gesetzt, trotzdem sind wir in der Lage, bestimmte Töne zu hören, wenn wir uns anstrengen. Die Sprache unterscheidet nicht grundlos zwischen hören, zuhören, lauschen, horchen; auch der Volksmund kennt diesen Sachverhalt, wenn gesagt wird: »Die Ohren auf Durchzug stellen« oder »Hier rein, da raus«! Ebenso läßt sich unser Gesichtssinn steigern, wenn wir z.B. etwas erkennen, unterscheiden, herausfinden, zuordnen wollen. Das gilt gleichermaßen für den Tastsinn, Gleichgewichtssinn etc. Empfinden ist somit nicht ein Prozeß, bei dem der Einzelne lediglich passiv aufnimmt, sondern er kann aktiv beeinflussend eingreifen. Allerdings nicht so weitgehend, daß es ausschließlich von seinem Willen abhängt, ob er einen Reiz empfindet oder nicht. Die physiologischen Vorbedingungen lassen sich ebensowenig völlig beiseite schieben wie Störungen ausgeklammert werden können. Wir fühlen uns selbst gestört, z.B. durch Geräusche, die der Nachbar verursacht, durch den Verkehrslärm in der Nähe des Arbeitsplatzes, durch das Telefon, das einen Gedankengang unterbricht, auch durch den Geruch des Pfeifentabaks eines sonst liebenswerten Kollegen oder durch die grellen Farben in einem Raum, durch die Unordnung an bestimmten Arbeitsplätzen oder die Sprechweise eines bestimmten bzw. zufälligen Gegenübers usw. Solcherart Störungen werden von Reizen verursacht, die von den Sensoren unseres Nervensystems an das Gehirn weitergegeben werden, obwohl wir uns bemühen, gerade jetzt andere Reize empfinden zu wollen.

Vergleichbaren Störungen sind auch Schüler ständig ausgesetzt. Vermutlich ist die Auswirkung der Störungen um so stärker, je jünger die Schüler sind. In diesem Zusammenhang ist es von sekundärer Bedeutung, ob die Störfaktoren entwicklungs- und anlagebedingt bzw. umweltbezogen zu sehen sind, durch die soziale Umgebung bestimmt verstanden werden müssen oder in Schule und/oder Lehrkraft ihre Ursache haben. Gemeint sind hier Störungen, die den Schüler beeinflussen oder gar behindern, bestimmte Reize gewollt aufzunehmen.

3. Wahrnehmungen

Reize, die wir empfinden, bilden die Grundlage der Beobachtung. Wir äußern uns in der Regel nicht über einzelne Empfindungen (es wird hier bewußt abgesehen von streng wissenschaftlichen Arbeitsweisen), weil wir gelernt haben und es gewöhnt sind, einzelne Empfindungen zu einem ganzheitlichen Bild zusammenzufassen. Wir stellen also nicht fest: »Da ist eine grüne Fläche«, sondern »Petra trägt (heute) einen grünen Pullover«. Wir geben in Aussagen – und auch schon in unserem Denken – nicht einzelne Empfindungen wieder, sondern Wahrnehmungen. Wahrnehmungen sind strukturierte Empfindungen. »Empfindungen werden in Konfigurationen zusammengefaßt sowie mit früheren Erfahrungen verglichen. Wahrnehmung wird durch einen Erfahrungsfilter gelenkt.« (Aster/Merkens: Teilnehmende Beobachtung, Werkstattberichte und methodologische Reflexionen. Campus-Verlag 1989, S. 10.)

In jeder Wahrnehmung ist Erfahrung und damit zugleich zurückliegende Interpretation enthalten. Die meisten Ereignisse empfinden wir nicht mehr einzeln. Wir nehmen sie vielmehr wahr, indem wir den Außenreizen aus unserer Erfahrung eine Struktur unterlegen und erst dann die Wahrnehmungen in Aussagen transformieren. Bestimmte Situationen können von verschiedenen Menschen unterschiedlich wahrgenommen werden, weil sie die Reize in ihrem Bewußtsein anders anordnen. Sieht man von bestimmten Resultaten der Wahrnehmungspsychologie ab, ließe sich sagen: Wahrnehmen lernt man durch Erfahrung. Deshalb ist die Interpretationsbreite für komplexe Phänomene wie z.B. Erziehung und Unterricht sehr viel größer als bei einfachen Situationen oder Sachverhalten. Das wird schon deutlich, wenn wir nach allgemeinen Regeln fragen, wie Erziehung stattzufinden hat, oder danach, was eigentlich das Wesen von Erziehung ausmacht. Wo stehe ich, welche Einstellung (verstanden als psychische Disposition, die mein Verhalten gegenüber der Lebenswirklichkeit bestimmt) habe ich bezogen auf Erziehung als Phänomen? Neige ich stärker dazu, Erziehen als ein Reagieren auf Verhaltens- bzw. Fehlverhaltensweisen zu sehen oder ist mir Erziehung als unverzichtbarer Prozeß, den Schüler in seiner Individualität zu fördern, bedeutsamer? In jedem Fall bedarf es einer Zielsetzung. Die in der Schulgesetzgebung der einzelnen Bundesländer definierten Erziehungsziele (vgl. z.B. § 2 NSchG) müssen konkretisiert werden, damit sie praktikabel werden. Das geschieht i.d.R. in den Grundsatzerlassen der Kultusbehörden zur Arbeit in der Grundschule und in den Rahmenrichtlinien bzw. Stoffverteilungsplänen, muß aber auf die Situation der einzelnen Schule gezielt weiter ausgeformt werden, um zu einem Konsens innerhalb der jeweiligen Schule finden zu können und die Akzeptanz der Ziele für den einzelnen zu ermöglichen bzw. zu verbessern.

Zu meinen, ohne klare Zielsetzung erziehen zu können bzw. zu wollen, setzt die Auffassung voraus, jeder Grundschüler sei in der Lage, sich selbst Erziehungsziele zu setzen. Das wäre aber eine unverantwortliche Überforderung, die das Recht auf Bildung in Frage stellt. Fehlende oder unzureichende Zielvorstellung läßt – gewollt oder ungewollt – das Bild von Persönlichkeit der einzelnen Lehrkraft auf Erziehung einwirken und führt für den Schüler zu einem nicht koordinierbaren Nebeneinander, folglich zu Unsicherheit. Unsicherheit aber auch für die verschiedenen Beobachter, die ihre Vorstellung von Erziehung in unterschiedlichen Konstellationen erworben haben und deshalb jeweils andere Interpretationsmuster anwenden, so daß die Wahrnehmungen ohnedies differieren. Sie differieren um so stärker, als eine Zielvorstellung unzureichend ist oder gar (vermeintlich) fehlt.

Über Wahrnehmungen lassen sich Aussagen treffen. Das setzt voraus, daß Gestalten, Gegenstände, Situationen mit Begriffen belegt werden, die man als dafür zutreffend gelernt hat. In diesem Zusammenhang sollte uns bewußt sein, daß keineswegs alle Menschen für den gleichen wahrgenommenen Gegenstand denselben Begriff gelernt haben; ebenso können verschiedene Menschen denselben Begriff für unterschiedliche Gegenstände oder Ereignisse verwenden. Auch hier muß mitgesehen werden, daß solche Abweichungen eher bei komplexen Sachverhalten zu erwarten sind. Es kann erwartet werden, daß verschiedene Beobachter einen wahrgenommenen Bleistift auch als Bleistift oder einen wahrgenommenen Fußball zumindestens als Ball bezeichnen. Es kann nicht gleichermaßen vorausgesetzt werden, selbst dann nicht, wenn die gleiche Beobachtergruppe angenommen wird, daß ein Gespräch zwischen aufsichtführender Lehrkraft und einer Schülergruppe übereinstimmend als Erziehungshandlung bezeichnet wird. Die Gestaltung einer kindgemäßen Situation, in der das Ziel bei Unterrichtsbeginn angegeben wird, muß nicht von verschiedenen Betrachtern übereinstimmend als Einführung gekennzeichnet werden oder die Aufgliederung des Unterrichtsstoffes in Teilbereiche in der Phase der Erarbeitung muß nicht übereinstimmend als Vorbereitung auf Gruppenarbeit gesehen werden. Das kann die Kommunikation erschweren.

4. Beobachtung

Wahrnehmungen sind die Grundlage der Beobachtung, die als Spezialfall der Wahrnehmung anzusehen ist, als eine vom Willen gelenkte bzw. willkürliche Wahrnehmung, die auf bestimmte, häufig vorher ausgewählte Ereignisse konzentriert ist.

Giese definierte bereits 1913 Beobachtung als »zielbewußte, aufmerksame und planmäßige Sinneswahrnehmung«. (Giese, H.: Beobachtung. Stichwort aus: Roloff [Hrsg.]: Lexikon der Pädagogik. Freiburg 1913.)

1952 heißt es im Lexikon der Pädagogik, Bd. 1 (Freiburg), bei Engert: »Beobachtung ist somit ein von Aufmerksamkeit getragener, nach methodischen (logischen) Gesichtspunkten planmäßig geführter Wahrnehmungsprozeß.«

Bezogen auf die Anwendung in der Schule definiert Erlebach: »Schülerbeobachtung ist eine Methode der Materialgewinnung für die Beurteilung.« (Erlebach/Hoff/Ihlefeld/Zehner: Schülerbeurteilung. Berlin 1975, 6. Aufl.)

Im Taschenlexikon Grundschule findet sich die Definition: »Schülerbeobachtung (S.) ist eine meist planvolle Tätigkeit mit dem Ziel, Informationen über das Arbeits- und/oder Sozialverhalten eines Schülers/einer Schülergruppe zu erhalten; S. wird häufig anhand von Beobachtungsbogen durchgeführt.« (Kochan/Neuhaus-Siemon, [Hrsg.]: Taschenlexikon Grundschule. Königstein 1979.)

5. Schülerbeobachtung

Schülerbeobachtung vollzieht sich in der Regel als »teilnehmende Beobachtung«. Der Lehrer/die Lehrerin ist gleichzeitig Interaktionspartner und Beobachter, weil nur in besonderen Situationen ein Dritter als Beobachter verfügbar ist. Dieser Sachverhalt ist gewiß nicht problemfrei, andererseits aber förderlich, weil meistens in natürlichen Situationen beobachtet werden kann.

Schülerbeobachtungen können erfolgen als
(1) Gelegenheitsbeobachtung
(2) Gezielte Beobachtung
(3) Dauer- oder Langzeitbeobachtung
(4) Systematische Kurzzeitbeobachtung
(5) Beobachtung in standardisierten Situationen

5.1 Gelegenheitsbeobachtung

Die Gelegenheitsbeobachtung gehört in den vorwissenschaftlichen Bereich, wird in freier Form, eher spontan als planmäßig, durchgeführt. Umherschweifende Aufmerksamkeit läßt uns einen ersten Eindruck von einem Schüler oder einer Lerngruppe gewinnen. Das ist legitim und erleichtert den Umgang miteinander, darf aber nicht als Grundlage der Beurteilung gesehen werden. Vielmehr bedarf der erste Eindruck der

Ergänzung und ggf. Revision durch gezielte Beobachtungen. Gelegenheitsbeobachtungen gehören in den schulischen Alltag, sie haben insofern hohen diagnostischen Wert, als sie uns Inhalte und Ziele systematischer Beobachtung aufzeigen können.

Fragen müssen wir uns in diesem Zusammenhang immer: Wieso fällt mir eigentlich dieses auf und nichts anderes? Auffälligkeiten des ersten Eindrucks haben oft eine Entsprechung im Persönlichkeitsbild des Beobachters und/oder in der jeweils in der Schule vorzufindenden bzw. vereinbarten Situation.

Auf mögliche Störfaktoren gehen wir hier gewollt nicht ein; wir verweisen diesbezüglich auf folgende Literatur:

- Donat, H.: Persönlichkeitsbeurteilung. München 1965
- Graumann, C.F. (Hrsg.): Handbuch der Psychologie, Bd. 7. Göttingen 1964
- Höhn, E.: Der schlechte Schüler. München 1970
- Rosenthal/Jacobson: Pygmalion im Unterricht. Weinheim 1971
- Roth, H.: Pädagogische Psychologie des Lehrens und Lernens. Hannover 1966, S. 51–56
- Schröder, H.: Leistungsmessung und Schülerbeurteilung. Stuttgart 1974
- Ulich/Mertens: Urteile über Schüler. Weinheim 1973

Gezielte Beobachtung, Dauer- oder Langzeitbeobachtung, systematische Kurzzeitbeobachtung, Beobachtung in standardisierten Situationen gehen in der Regel mit Auswahl und gelenkter Aufmerksamkeit einher, werden somit zumindest bedingt intentional gesteuert vollzogen.

5.2 Gezielte Beobachtung

Hierunter verstehen wir ein gezieltes Suchen, entweder zu einzelnen Lernbereichen, zu Arbeits- und Sozialverhalten oder nach dem Persönlichkeitsbild des einzelnen.

Jeder gezielten Beobachtung wohnt Systematik inne; gezielte Beobachtung ist demzufolge planbar nach Beobachtungsinhalt, -methode, -zeit und -dauer. Der Beobachtungsinhalt kann sich aufgrund einer spontanen Beobachtung (Gelegenheitsbeobachtung) ergeben. Eine bei einem Schüler beobachtete Verhaltensauffälligkeit soll beispielsweise durch gezielte Beobachtung daraufhin überprüft werden, ob sie einmalig aufgetreten ist, in bestimmten (ggf. welchen) Situationen häufiger auftritt oder weitgehend ständig beobachtbar ist.

Der Beobachtungsinhalt läßt sich auch aus der Zielsetzung des Bildungsauftrages der Grundschule bestimmen, wenn ich einen Schüler daraufhin beobachte, wieweit er vorgegebene Erziehungs- und/oder Lehrziele erreicht hat.

Das setzt für den Beobachter voraus, für sich die in der jeweiligen Schulgesetzgebung bzw. den Grundsatzerlassen für die Arbeit in der Grundschule vorgegebenen Erziehungsziele definiert und ggf. aufbereitet zu haben, um sie beobachtbar zu machen.

Gleichermaßen muß sich der Beobachter über die in Rahmenrichtlinien bzw. Lehrplänen vorgegebenen Lehrziele im klaren sein und über den jeweiligen Zeitpunkt innerhalb der Schullaufbahn eines Kindes, zu dem diese Ziele erreicht sein sollen, insbesondere hinsichtlich zu vermittelnder Kenntnisse *und* erforderlicher Fertigkeiten. Nur dann kann beobachtet werden, wo sich der Schüler auf dem Weg zu diesen Zielen gerade befindet.

Für die Durchführung gezielter Beobachtung sind Beobachtungspläne hilfreich, aus denen Inhalt, Aspekt, Zeit, Dauer und Adressat(en) hervorgehen. Das ist zugleich ein hilfreiches Instrument für erforderliche Aufzeichnungen.

5.3 Dauer- oder Langzeitbeobachtung

Die Dauer- oder Langzeitbeobachtung entspricht den Bedürfnissen der Lehrkräfte am meisten, weil sie eine gute Grundlage für die schriftliche Fixierung von Beobachtungsergebnissen darstellt. Über mögliche Formen schriftlicher Aufzeichnungen unterbreiten wir im 6. Kapitel Vorschläge.

Die Dauerbeobachtung hat oft ein praktisches Nahziel, z.B. die Gewinnung von Unterlagen

– für Verhaltensbeschreibungen
– für die Feststellung der Schulfähigkeit
– zur Erstellung von Gutachten
– bei Erziehungsschwierigkeiten
– beim Übergang zu anderen Schulen

5.4 Systematische Kurzzeitbeobachtung

Die systematische Kurzzeitbeobachtung erfolgt in vorher festgelegten zeitlichen Abständen mit eindeutigen Beobachtungshinweisen und unter überschaubaren Bedingungen. Über die Praktikabilität dieser Beobachtungstechnik differieren die Meinungen sehr stark. Werden dieser Technik differenzierte Unterrichtsbeobachtungssysteme zugrunde gelegt, ist sie vom Lehrer normalerweise nicht zu leisten. Soll sie einer gezielten Überprüfung beobachteter Vorgänge oder Gegebenheiten dienen, ggf. auch unter Hinzuziehung von Drittbeobachtern, kann sie durchaus im schulischen Alltag Anwendung finden.

5.5 Beobachtung in standardisierten Situationen

Beobachtung in standardisierten Situationen kommt der Dauerbeobachtung nahe. Solche Situationen kommen in der Schule häufig vor. Nicht nur beim Schreiben von Klassenarbeiten oder anderen Lernkontrollen bzw. bei der Durchführung von Tests, sondern auch bei sich wiederholenden Sequenzen im Ablauf eines Schultages wie z.B. Morgenkreis, gemeinsames Frühstück, Tagesausklang, d.h. Situationen, die in ganz bestimmter Weise strukturiert sind. Beobachtung in standardisierten Situationen kann dann den Charakter eines Experiments erhalten, wenn es möglich ist, die Bedingungen für solche Situationen weitgehend konstant zu halten.

5.6 Zusammenfassung

Zusammengefaßt ist festzuhalten:

a) Beobachten heißt, über den Schüler rein sachliche Tatsachen feststellen, was tat er, was sagte er, was unterließ er.
b) Am besten beobachtbar sind konkrete Vorgänge und Gegebenheiten.
c) Die Beobachtung wird mit dem Fortgang des Beobachtens präzisiert, begonnen wird in offener Form.
d) Intuitiv und gefühlsmäßig Erkanntes ebenso aufschreiben wie die Ergebnisse von Gelegenheitsbeobachtungen und durch gezielte, systematische Beobachtungen ergänzen, ggf. auch korrigieren.

6. Zur Entwicklung der Schülerbeobachtung

Schülerbeobachtung gibt es, solange unterrichtet wird. Es lassen sich zwei Wurzeln ausmachen, eine (ältere) pädagogische und eine psychologische.

6.1 Die pädagogische Linie

Die pädagogische Linie ist im wesentlichen gleich geblieben. Der Schüler steht im Mittelpunkt, er soll als Persönlichkeit erkannt werden, um einerseits gerecht(er) beurteilt und andererseits in seiner Entwicklung angemessen(er) gefördert zu werden.

Es ist in diesem Zusammenhang interessant, möglicherweise auch hilfreich, Pestalozzis Berichte zu lesen, die dieser regelmäßig an die Eltern seiner Kinder schickte. Er informierte über die charakterliche und intellektuelle Entwicklung der einzelnen Schüler ebenso wie über den Lernstand in den einzelnen Fächern in der Absicht, den Schülern in ihrer Entwicklung zu helfen, aber auch, den Eltern die Entwicklungssituation ihrer Kinder aufzuzeigen und Eltern dadurch ihre erzieherische Aufgabe bewußter zu machen. Bereits hier eine Beurteilung in freier Form!

Als weitere Beispiele seien genannt:
- die Journale der Philanthropen
- die weißen und schwarzen Beschreibungsbücher Basedows
- die Schülerbeschreibungen Herbarts
- die Individualitätsbücher des Zillerschen Pädagogischen Universitätsinstitutes in Jena

Pestalozzi und anderen Pädagogen, einschließlich der Reformpädagogen, ging es um die ganzheitliche Erfassung der »Individuallage«, damit insbesondere weitere Unterrichts- und Erziehungsschritte sinnvoll geplant werden konnten.

6.2 Die psychologische Linie

Die psychologische Linie ist Veränderungen in den Grundannahmen unterworfen. In den Konzepten der Schülerbeobachtung spiegelt sich geradezu die Entwicklung der Psychologie wider. Das Ziel, Hintergründe des Verhaltens aufzuschließen, um zu einem Persönlichkeitsbild zu finden, erschien durch genaue Beobachtung möglich (vgl. die Tagebücher Sterns. Stern, W.: Psychologie der frühen Kindheit bis zum 6. Lebensjahr. Heidelberg 1952).

Die Verhaltensbeobachtung war scheinbar um so effektiver und objektiver, je stärker die Verfahren differenziert wurden. Die Psychogramme der experimentellen Psychologie um die Jahrhundertwende geben entsprechenden Aufschluß. Psychographie wurde zur Modeströmung. 1921 finden sich in einer Bibliographie des Münchener pädagogisch-psychologischen Institutes ca. 100 Schülerpersonalbogen. Eine immer weiter getriebene Differenzierung der Eigenschaftslisten führte zu größerer Aufsplitterung und barg die Gefahr mosaikhafter Auslegung des Persönlichkeitsbildes. 60, 80 bis 100 Eigenschaftselemente galten als unverzichtbare Voraussetzung der analytischen Methode (vgl. heutige Schülerbegleit- bzw. -beobachtungsbögen).

In Leipzig war ein Schülerbogen für 6jährige entwickelt worden, der 12 Seiten umfaßte. Die Hamburger Lehrerschaft lehnte den Schülerbogen Martha Muchows ab, weil der analytische Beobachtungsbogen als unorganische Anhäufung von Teilgesichtspunkten, als unbrauchbare Materialsammlung, empfunden wurde, bei der das Wesentliche nicht ausgesagt wird. Aus der bisher geschilderten Entwicklung läßt sich zweierlei ableiten:

1. Die Psychologie fordert eine wissenschaftliche Schülerbeobachtung und gibt zugleich diese Forderung an die Erziehungswissenschaft weiter.
2. Die Erziehungswissenschaft erwartet von der Psychologie Entscheidungshilfen, insbesondere in Form von Meßinstrumenten zur Erfassung von Schülerverhaltensweisen.

Das hiermit aufgezeigte Spannungsfeld erscheint uns bis heute nicht zufriedenstellend gelöst. Vermutlich ist in diesem Sachverhalt auch ein Grund zu sehen, daß sich Lehrkräfte heute in dem Bereich der Schülerbeobachtung z.T. überfordert fühlen.

Wenn wir uns darüber im klaren sind oder Klarheit verschaffen, daß Meßinstrumente zur Erfassung von Eigenschaften, Verhaltensweisen oder gar Einstellungen wünschenswerte Hilfsmittel sind, aber nicht den Auftrag der Pädagogik übernehmen können, läßt sich das o.g. Spannungsfeld zu einem guten Teil entflechten.

Es wird Aufgabe der Pädagogik bleiben, sowohl weitere Schritte für Unterricht und Erziehung aufgrund beobachteter Sachverhalte und Verhaltensweisen festzulegen, als auch die Weiterentwicklung der Schülerpersönlichkeit bezogen auf Kenntniserwerb, Fertigkeitentraining, Entwicklung von Fähigkeiten und Pflege erkannter Interessen in das Verständnis der Betroffenen zu rücken, um Förderung angemessen organisieren zu können.

In der weiteren Entwicklung sind Ansätze für ein *Charakterkonzept* feststellbar, z.B. Kienzles Ansatz, der auf die Charakterkunde von Klages zurückgeführt werden kann. Es wird angenommen, daß einige Grundzüge Handlungen, Wertesystem und Einstellungen des Menschen bestimmen. Diese zu erkennen erfordert, das Insgesamt des Charakters und Einzelheiten zu beobachten.

Zumindest die älteren Lehrkräfte erinnern, daß sich Beobachtung zeitweilig in starkem Maße an *Typenkonzepten* orientierte bzw. daran orientiert wurde mit dem Ziel, den Typ eines Schülers zu bestimmen. Darunter verstand man die Kombination einiger »typischer« Persönlichkeitseigenschaften und meinte, von daher auf andere vermutete Eigenschaften schließen zu können. Zum Beispiel

● Kretschmers Typologie (leptosom, pyknisch, athletisch)
● E. und W. Jaensch (Biotypen: integriert, desintegriert)
● Jung, der die Grundfunktionen Denken, Fühlen, Empfinden, Intuieren Typen zuordnet
● auch Freud, der die Richtung psychischer Energie nach extravertiert und introvertiert unterscheidet, kommt damit einer Typologie nahe

Bei Spranger werden ideale Strukturformen aufgezeigt, wenn zwischen theoretischem, ästhetischem, ökonomischem, religiösem, sozialem und Machtmenschen unterschieden wird.

Wenngleich heute die Bedeutung dieser Konzepte in Frage gestellt wird, bleiben sie wirksam, weil sie im täglichen Umgang scheinbar eine Einordnung erleichtern. Auch in der Waldorfpädagogik finden sich typologische Gesichtspunkte. Wir müssen bedenken, daß sich nur wenige Menschen eindeutig einem Typ zuordnen lassen, daß wir nach erfolgter Zuordnung u.U. vorschnell folgern und schließen und dadurch unser Beobachtungsfeld einengen.

Die Entwicklungspsychologie weist uns auf Forderungen hin, die an Kinder bestimmten Alters gestellt werden können (vgl. z.B. die Rahmenrichtlinien für Niedersachsen aus dem Jahr 1962). Es soll beobachtet werden, auf welcher Stufe der Entwicklung sich das Kind jeweils befindet, um dann weitere Aussagen über zu schnelle bzw. zu langsame Entwicklung und die voraussichtliche Weiterentwicklung zu ermöglichen. Die Stufenlehren Krohs und Bühlers gehören beispielsweise in diesen Bereich, wie auch die Theorien der periodischen Wiederkehr nach Busemann und Gesell. Auch Piaget stützt sich weitgehend auf Erkenntnisse und Theorien der Entwicklungspsychologie, legt aber die Stufen nicht fest oder bindet sie an ein bestimmtes Lebensalter. Er vertritt die Auffassung, Entwicklung vollzieht sich fließend.

Die *Lernpsychologie* bietet eine weitere Grundlage für die Schülerbeobachtung, ohne dafür aber ein spezielles Konzept vorzuhalten. Der Grundgedanke, daß die Frage

»wie lernt der Schüler« genauso über das Verhalten beobachtbar ist wie die Entwicklung der Schüler und ihre Eigenschaften, besticht, kann aber zur Einseitigkeit verleiten. Schulisch relevantes Verhalten erfassen zu wollen, läßt nach quantifizierbaren Merkmalen suchen, um von beobachtetem Verhalten besser auf Einstellungen und Motive schließen zu können. Das damit verbundene Bemühen, Erkenntnisse zusammenfassen und klassifizieren zu wollen, schränkt die Möglichkeiten der Schülerbeobachtung ein, begrenzt gewissermaßen offenes Beobachten. Über Klassifizierung zu (anderen) Typenkonzepten zu kommen, muß als möglich, wenn auch nicht als wünschenswert angesehen werden.

Der *sozialpsychologische Ansatz* soll nicht außer acht gelassen werden, wo es um Schülerbeobachtung geht. Die Aufmerksamkeit des Beobachters ist schwerpunktmäßig auf das Geschehen in der Gruppe, in der Klasse, gerichtet. Die Interaktion innerhalb der jeweiligen Gruppe wird in den Blick genommen in der Annahme, daß Einstellungen und Handlungen von den Beziehungen in der Gruppe bzw. in den Gruppen beeinflußt werden und Entwicklung des einzelnen Schülers letztlich ohne Interaktion kaum möglich ist. Soziale Wechselbeziehung kann sich positiv auswirken oder zur wechselseitigen Behinderung führen. Schüler in ihren vielfältigen sozialen Bezügen beobachten, läßt oftmals Ursachen für bestimmtes Verhalten erkennen und dadurch Handlungen besser verstehen. Aufgrund solcher Erkenntnisse lassen sich u.U. Hilfen für die individuelle Förderung einzelner finden.

6.3 Zusammenfassung

a) Dieser Rückblick will ganzheitlich-strukturelle Zusammenhänge aufzeigen und zugleich verdeutlichen, daß die Verabsolutierung eines psychologischen Ansatzes für die Schülerbeobachtung in der Schulpraxis nicht vertretbar ist.
b) Schülerbeobachtung kann offensichtlich nicht losgelöst von verschiedenen Theorien gesehen werden. Die unterschiedlichen Ansätze werden aus der psychologischen Entwicklungsreihe aufgezeigt und vorgeschlagen. Die Praxis der Schülerbeobachtung ist viel älter. Die Praxis kann jedoch bei Berücksichtigung der Theorien bewußter werden und läßt sich durch die Anwendung vielfältiger Verfahren verbessern.
c) Lehrkräfte sollten die pädagogische Linie vorrangig sehen mit den Zielen,
  – weitere Unterrichts- und Erziehungsschritte schülerbezogen sinnvoll planen zu können
  – zu einer gerechteren Beurteilung und
  – zu einer angemesseneren Förderung finden zu können
  – Schüler und Eltern beraten zu können

Die Einsicht, daß der erste Schritt zur Kenntnis der Schüler die Beobachtung ist und erst der zweite Schritt die Beurteilung sein kann, hat u.E. auch heute noch uneingeschränkt Gültigkeit.

Schülerbeobachtung auf das wissenschaftlich Begründbare beschränken zu wollen, würde nicht nur den Vollzug einengen, sondern Lehrkräfte in ihren Handlungsmöglichkeiten verunsichern.

d) Teilnehmende Beobachter suchen durch die Beobachtung nach Antworten auf sie interessierende Fragen (vgl. Kapitel III, 4). Bei einer so weitgehend pragmatischen Einstellung kann es kein erlaubtes bzw. nicht gestattetes Tun geben, wohl aber ist die Auswahl der Beobachtungsmethoden bedeutsam und wichtig.

II. Schülerbeobachtung – ein pädagogischer Auftrag in allen Bundesländern

1. Bildungsgesamtplan

Im Bildungsgesamtplan, Band I (Klett-Verlag, 2. Aufl. 1974), heißt es zum Bereich »Pädagogische Diagnostik« u.a.

> »Unter pädagogischer Diagnostik werden alle Maßnahmen zur Aufhellung von Problemen und Prozessen sowie zur Messung des Lehr- und Lernerfolges und der Bildungsmöglichkeiten des einzelnen im pädagogischen Bereich verstanden, ...«

Bezieht man die dort formulierten Zielvorstellungen mit ein, wird eindeutig, daß pädagogische Diagnostik ohne ständige Schülerbeobachtung gar nicht möglich ist.

> »Entwicklung von zuverlässigen diagnostischen Verfahren zur Erfassung der Persönlichkeit der Lernenden einschließlich ihrer Lerndispositionen als Voraussetzung für eine gezielte Bildungsberatung.
> Ständige objektive Leistungsmessung als Voraussetzung für eine regelmäßige Leistungsbeschreibung und Selbstkontrolle und, je nach wissenschaftlicher Erprobung und Bewährung, zur Ergänzung oder anstelle von punktuellen Bewertungen (Zeugnisse) und von Prüfungen.
> Aufklärung der Probleme der inneren und äußeren Differenzierung, insbesondere des Übergangs zwischen verschiedenen Schulformen und Kursen sowie der Selbstkontrolle im Lernprozeß.«

Wir grenzen im weiteren bewußt auf die Schulform Grundschule ein und versuchen, die Verfahren der Schülerbeobachtung in den Bundesländern aufzuzeigen.

2. Übergeordnete Gesichtspunkte in den neuen Bundesländern

Die Bildungsreform in den neuen Bundesländern ist, insbesondere hinsichtlich der inhaltlichen Reform, nicht abgeschlossen.

Sie stellt ab auf die Quellen und Werte der abendländisch-humanistischen Bildungstradition. Schulpolitisches Ziel ist eine humane Schule, in der die Idee der Demokratie an die Stelle der marxistisch-leninistischen Leitlinie getreten ist, sowohl bei der Neugestaltung der Unterrichtsinhalte als auch bei der Gestaltung des Schullebens.

Wesentliches Kriterium für die Wahl der Schullaufbahn ist wieder die Leistung und nicht mehr ein durch Plankennziffern der Industrie bzw. des Militärs bestimmtes System. Statt Erziehung zur Kollektivierung soll jeder einzelne zur Mündigkeit erzogen werden. Angestrebt wird eine ganzheitliche Bildung nach dem pädagogischen Prinzip Pestalozzis. Inhaltliche Freiräume sind geschaffen worden, die von den Lehrkräften in eigener Verantwortung für die jeweilige Lernsituation fruchtbar genutzt werden können. Im Unterricht werden partnerschaftliche Unterrichtsformen in methodischer Vielfalt bevorzugt (Gruppen-, Partner-, Projektarbeit). Der Binnendifferenzierung und Förderung wird besondere Bedeutung beigemessen.

In einer so beschriebenen Schule hat der vormals geltende sozialistische Ansatz zur Schülerbeobachtung keinen Platz mehr. Dieser Ansatz ging vom Ziel des genau definierten, allseitig und umfassend gebildeten sozialistischen Menschen aus. Die Schülerpersönlichkeit wurde aufgrund von Normen erfaßt, so daß (vermeintlich) für jedes Lebensalter festgestellt werden konnte, inwieweit der Schüler bereits mit diesen Normen übereinstimmt. Programme gaben die schrittweise Annäherung an das verbindliche Ziel vor.

Heute geht man von einem pädagogischen Ansatz zur Schülerbeobachtung aus. Das geht aus dem Entwurf des Erlasses zur Arbeit in der Grundschule aus Sachsen-Anhalt hervor.

Zu den Zielen und Aufgaben der Grundschule wird u.a. ausgesagt, daß Kinder mit unterschiedlichen individuellen Lernvoraussetzungen und Lernfähigkeiten so anzunehmen und zu fördern sind, daß Grundlagen für selbständiges Lernen und Arbeiten gelegt werden. Das setzt die Beobachtung des einzelnen Kindes und der jeweiligen Lerngruppe voraus.

Unter dem Punkt »Aufnahme in die Grundschule« stehen drei Aussagen, die Schülerbeobachtung erfordern.

(1) Ein Kind ist in die Schule aufzunehmen, sofern nicht nach Auskunft einer vorschulischen Einrichtung und nach Einschätzung des Schulleiters begründete Zweifel an der Schulfähigkeit bestehen.
(2) Stellt der Klassenlehrer in den ersten Schulwochen (bis zu den Herbstferien) fest, daß für ein Kind das Verbleiben im 1. Schuljahr eine dauernde Überforderung bedeutet, so kann es der Schulleiter bis spätestens 01.12. zurückstellen.
(3) Kinder, bei denen auch nach erfolgter Zurückstellung Beeinträchtigungen einer oder mehrerer Funktionen festgestellt werden, die durch Fördermaßnahmen der GS nicht behebbar erscheinen, sind auf Sonderschulbedürftigkeit zu überprüfen.

Ganz konkrete Handlungsanweisungen finden sich bei den Aussagen zur Vorklasse, die in Sachsen-Anhalt die Aufgaben eines Schulkindergartens wahrzunehmen hat.

Zu Beginn der Arbeit in der Vorklasse ist die individuelle Lernausgangslage festzustellen. Dazu ist systematische Beobachtung in folgenden Bereichen erforderlich:

- Sozialverhalten
- Spiel- und Lernverfahren
- Motorik
- Wahrnehmung
- Sprache
- Mengenverständnis

Die Lehrkraft führt einen Entwicklungsbogen, aus dem das individuelle Förderkonzept Verhaltensauffälligkeiten bemerkenswerte Ausfälle und Entwicklungsfortschritte hervorgehen müssen.

Jedes Kind ist so gründlich zu beobachten, daß zum Schuljahresende ein differenzierter Entwicklungsbericht zum Sozial- und Spielverhalten und zu den Lernbereichen entsteht. Systematische Beobachtung setzt Planung und Kontinuität voraus.

Das Lernen im Anfangsunterricht soll an die Lernerfahrungen und Lernfähigkeiten anknüpfen, die das Kind aus Elternhaus und Kindergarten mitbringt. Unter Berücksichtigung der unterschiedlichen Lernvoraussetzungen und Lernfähigkeiten sollte der Lehrer durch offene und differenzierende Unterrichtsgestaltung Formen des freien Lernens und handelnden Umgangs mit Lerninhalten in den Mittelpunkt seiner Arbeit stellen. Das ist nur aufgrund konsequenter Beobachtung möglich.

Beim Punkt »Leistungsbewertung« heißt es u.a.:

● Es ist auf der Basis intensiver Beobachtung die individuelle Leistungsentwicklung jedes Schülers umfassend einzuschätzen.
● Das Lern-, Arbeits- und Sozialverhalten ist in möglichst vielen Situationen und unter unterschiedlichen Lernanforderungen festzuhalten.
● Vor dem Lernhorizont der Schüler bewertet der Lehrer den individuellen Lernfortschritt.
● Unabhängig von der Beurteilungsform sind kontinuierliche Aufzeichnungen über die Leistungen sowie über das Arbeits- und Sozialverhalten wichtig. Sie ermöglichen Aussagen über die Entwicklung des Kindes.
● Das verlangt von den Grundschullehrkräften, ihre Beobachtungs- und Beurteilungsfähigkeit zu schulen, um zu differenzierten Beobachtungsergebnissen zu finden.

Erlasse bzw. Entwürfe von Erlassen zur Arbeit in der Grundschule aus den anderen neuen Bundesländern liegen uns z.Zt. nicht vor. Aufgrund enger Kooperation der Länder kann hinsichtlich der Schülerbeobachtung von einer vergleichbaren Tendenz ausgegangen werden.

Die Schulgesetzgebungen der alten Bundesländer sehen in der Bildung der gesamten Persönlichkeit das oberste Ziel der Unterrichts- und Erziehungsarbeit. Aufgrund dieser Zielsetzung sind die Lehrkräfte gehalten, auf die für den Erziehungs- und Lernprozeß wichtigen Aspekte der Schülerpersönlichkeit und des Schülerverhaltens in besonderer Weise zu achten. Wie anders als durch kontinuierliche Beobachtung in unterschiedlichen schulischen Situationen ist das möglich? Es besteht auch Einmütigkeit darüber, daß Beobachtungsergebnisse aufgezeichnet werden müssen, wenn sie für die Praxis bedeutsam werden sollen, sei es z.B.

— für die fundierte Rückmeldung an den Schüler, sowohl im
  sozial-personalen als auch im sachlich-inhaltlichen Bereich
— für die zutreffende(re) Abfassung von Gutachten oder Berichten
  sowie für erforderliche Bewertungen
— für ausgewogene(re) Entscheidungen bei Schullaufbahnempfehlungen
— für gezielte Lernberatung und die Organisation sowie Gestaltung
  adäquater therapeutischer Maßnahmen
— für eine sach- und schülergerechte Beratung der Eltern
— für die Rückmeldung an die Lehrkräfte mit pädagogischen
  Konsequenzen für die Unterrichtsorganisation und -gestaltung

Der Grad der Ausprägung innerhalb der schulrechtlichen Vorgaben ist nach Inhalt und Form unterschiedlich.

3. Baden-Württemberg

Im Zusammenhang mit dem Übergang von der Grundschule in weiterführende Schulen wird in Baden-Württemberg ein Schülerbeobachtungsbogen verwendet.

Für den Übergang sind entscheidend:
— die Leistungen in der Grundschule
— die Ergebnisse der Probearbeiten
— das Grundschulgutachten
— die Erhebungen der Bildungsberatung

Die Erhebungen zur Bildungsberatung erfolgen u.a. mit Hilfe eines Merkmalsbogens zur Verhaltensbeschreibung, der ab Klasse 3 zu führen ist. 25 Merkmale beschreiben das konkrete Verhalten. Auf einer Schätzskala wird der jeweilige Ausprägungsgrad zwischen a-b-c-d angekreuzt, »nicht beobachtet« als Bemerkung einzutragen ist möglich.
    Angaben über körperliche bzw. gesundheitliche Beeinträchtigungen, über besondere Auffälligkeiten sowie über Interessen des Schülers können frei formuliert werden.

Merkmalsbogen zur Verhaltensbeschreibung durch den Lehrer (4. Grundschulklasse)

Name .... Vorname .... Schule .... Klasse ..... Schulj. ......

				Ausprägungsgrad							
Verhalten im Unterricht Motivation	1	arbeitet intensiv mit		a	b	c	d	e	nb	arbeitet nicht mit
	2	leicht ansprechbar auf neue Lerninhalte		a	b	c	d	e		schwer ansprechbar
	3	Interesse an neuen Lerngegenständen bleibt in d. Regel erh.		a	b	c	d	e		geht leicht verloren
	4	ist allgemein aktiv und lebendig		a	b	c	d	e		allgemein passiv
Lernverhalten	5	arbeitet selbständig mit		a	b	c	d	e		nicht selbständig
	6	erledigt schriftliche Arbeiten gründlich und sorgfältig		a	b	c	d	e		oberflächlich und nachlässig
	7	faßt neuen Unterrichtsstoff schnell auf		a	b	c	d	e		faßt langsam auf
	8	kann konzentriert arbeiten, läßt sich wenig ablenken		a	b	c	d	e		unkonzentriert, leicht ablenkbar
	9	gleichmäßige Mitarbeit, keine Leistungsschwankungen		a	b	c	d	e		ungleichmäßig, schwankend
	10	braucht kaum Lernhilfen		a	b	c	d	e		braucht oft Lernhilfen
	11	spricht gewandt		a	b	c	d	e		unbeholfen
	12	mündl. Darstellung von Aufgaben ist sehr klar u. verständlich		a	b	c	d	e		unklar, unverständlich
	13	manuelle Arbeiten werden sehr geschickt ausgeführt		a	b	c	d	e		manuell ungeschickt
Emotionalität	14	in Prüfungen und Streßsituationen ruhig und gelassen		a	b	c	d	e		unruhig und aufgeregt
	15	ist gut gesteuert und beherrscht		a	b	c	d	e		oft ungesteuert u. unbeherrscht
	16	ist leicht ansprechbar		a	b	c	d	e		schwer ansprechbar, verschloss.
	17	ist allgemein ausgeglichen		a	b	c	d	e		oft unausgeglichen
	18	ist selbstbewußt und selbstsicher		a	b	c	d	e		schwaches Selbstgef., unsicher
	19	schätzt seine Leistungsfähigkeit adäquat ein		a	b	c	d	e		inadäquate Leistungseinschätz.
	20	hat keine Angst vor der Klasse zu reden		a	b	c	d	e		ängstlich und gehemmt
	21	ist nicht gleich entmutigt von Mißerfolgen		a	b	c	d	e		leicht entmutigt
Gruppen-verhalten	22	findet schnell Kontakt zu Gleichaltrigen		a	b	c	d	e		hat Kontaktschwierigkeiten
	23	findet leicht Kontakt zum Lehrer		a	b	c	d	e		gehemmt, verschlossen
	24	arbeitet gut mit anderen in der Klasse zusammen		a	b	c	d	e		schlechte Zusammenarbeit
	25	übernimmt gern Gemeinschaftsaufgaben		a	b	c	d	e		übernimmt sie ungern
											(nb = nicht beobachtet)

Körperliche und gesundheitliche
Beeinträchtigungen   ....

....

Sonstige Hinweise oder Bemerkungen
auch zu den einzelnen Punkten   ....

evtl. Begründung für bestimmte
Schwierigkeiten oder
Verhaltensauffälligkeiten   ....

Interesse   ....

....

Unterschrift des Lehrers

4. Bayern

Bayern fordert für den Übergang zu den weiterführenden Schulen eine pädagogische Beurteilung, in der schwerpunktmäßig zu folgenden Bereichen ausgesagt werden soll:
- Lernverhalten
- Lernbereitschaft
- Individual- und Sozialverhalten
- körperliche und gesundheitliche Verfassung
- erkennbare spezielle Begabungen

In den Schulen ist für jeden Schüler ein Schülerbogen zu führen, in dem auch die Beobachtungen der Lehrkräfte festgehalten werden, sofern sie für die Schullaufbahn bedeutsam sind.

Ein amtliches Formblatt gibt es unseres Wissens z. Zt. nicht. Für die Grundschule wird eine zusammenfassende Schülerbeurteilung, die die Gesamtpersönlichkeit eines Schülers erfaßt, für wichtig erachtet.

Im Lehrplan für die Grundschule in Bayern (Donauwörth 1982, Bd. 1) heißt es auf Seite 50:

> »Da der Erzieher aufgrund seiner langfristigen Beobachtungsmöglichkeiten im allgemeinen den Entwicklungsstand eines Kindes gut kennt, leistet er eine wichtige Entscheidungshilfe bei Fragen der Schulfähigkeit.«

Auf Seite 54:

> »Spielorientierte Lernformen im Erstunterricht geben dem Lehrer die Möglichkeit, den Entwicklungsstand des Schülers im psychomotorischen, sozialemotionalen und kognitiven Bereich zu beobachten, mit den Schülern in vertieften sozialen und erzieherischen Kontakt zu kommen, und ihnen eine individuelle Förderung anzubieten.«

5. Berlin

Für jeden Schüler einer öffentlichen Schule in Berlin ist ein Schülerbogen anzulegen, der Personalien und formale Angaben enthält.

Zu dem Schülerbogen gibt es drei Anlagen:
(1) Beobachtungen und Bemerkungen zum Verhalten und zur körperlichen Entwicklung des Schülers/der Schülerin
(2) Auflistung über benutzte Schulbücher
(3) Gutachten für den Übergang in die Oberschule nach Klasse 6

Die Eintragungen in dem Bogen für »Beobachtungen und Bemerkungen« sollen in freier Form erfolgen. Es wird ausdrücklich darauf hingewiesen: »Im Hinblick auf die pädagogischen und sozialen Zwecke der Zeugniserteilung sind die Beobachtungen und Bemerkungen sorgfältig und in ausreichendem Umfang einzutragen und jeweils mit Datum und Unterschrift zu beurkunden.«

Das vierseitige Gutachten (Formblatt) für den Übergang in die Oberschule enthält Angaben zur Persönlichkeit und zu den Leistungen des Schülers. Es wird vorausgesetzt, daß jede Lehrkraft ausreichende Beobachtungs- und Leistungsunterlagen dem Gutachten zugrunde legen kann.

17 Persönlichkeitsmerkmale, unterteilt in die Kategorien
− Körpergeschick
− Gruppenverhalten
− intellektuelle Leistungsfähigkeit

können in jeweils 5 Gradabstufungen dem Schüler zugeordnet werden. Die ebenfalls 17 Merkmale der Interessen-, Begabungs- und Leistungsbereiche werden nach den Gradabstufungen »unterdurchschnittlich/überdurchschnittlich« beurteilt.

Im Gutachten sind u.a. auch in freier Form Bemerkungen zu »leistungsbegünstigenden oder leistungsbeeinträchtigenden Faktoren« zu machen. Auch solcherart Bemerkungen erfordern konsequente Beobachtung.

6. Bremen

Da sich das inhaltliche Konzept des Grundschul-Lehrplanes für Bremen u.a. überregional auf den Bildungsgesamtplan stützt, hat Schülerbeobachtung für die Arbeit in der Grundschule ihren Stellenwert. Das wird z.B. deutlich in einer Aussage zum inhaltlichen Konzept in »Lernen in der Grundschule«. »Dazu ist frühzeitiges Erkennen der Lernausgangslage nötig. Alle denkbaren Hinweise dazu sollten vom Lehrer wahrgenommen werden, um dem einzelnen Kind das notwendige Maß an Zuspruch, Hilfe, Unterstützung und Lenkung zukommen zu lassen.«

7. Hamburg

In Hamburg werden verschiedene Verfahren zur Erfassung der Schülerpersönlichkeit angewendet bzw. erprobt.

Ein siebenseitiger »Beurteilungsbogen zur Feststellung der Lernausgangslage von Schulanfängern (Hamburg)« ist verbindlich eingeführt. Der Bogen umfaßt neben anamnestischen Daten sieben Kategorien, die in Beurteilungsaspekte untergliedert sind:
− Persönlichkeitsbereich
− Motorik
− Wahrnehmung
− Mengenauffassung

- Merkfähigkeit
- Konzentrationsfähigkeit
- Sprache

Für die Beurteilungsaspekte sind jeweils Schätzskalen vorgegeben. In den Hinweisen zur Bearbeitung heißt es:

> »Die Angaben auf dem Bogen erfolgen durch Ankreuzen der jeweils zutreffenden Gradabstufung und durch zusätzliche Bemerkungen in der Zeile »Beobachtet bei: ...«

Wo keine durch Beobachtung gesicherten Feststellungen gemacht werden können, bitte die Kategorie »Keine Angaben möglich« ankreuzen. Verhaltensweisen, die nicht durch das Schema des Bogens erfaßt werden, können in dem Feld »Bemerkungen« beschrieben werden. Der Bogen kann ohne die Kenntnis der »Erläuterungen zu den einzelnen Kategorien« nicht bearbeitet werden. Interessenbereiche und (körperliche) Besonderheiten können in freier Formulierung vermerkt werden.

Der Beurteilungsbogen schließt ab mit Bemerkungen und Empfehlungen zur weiteren Förderung des Kindes, d.h. auch Schlüsse, die aus den Verhaltensbeobachtungen gezogen werden. Hier wird, wie auch bei den in Hamburg entwickelten »Hilfen für die Beobachtung von Schülern und für die Abfassung von Schülerberichten« die Verbindung von Schülerbeobachtung und schriftlicher Fixierung hergestellt.

Für das 1. und 2. Schuljahr sind in frei formulierten Berichten für jeden Schüler Aussagen schriftlich festzulegen über:
- allgemeine Persönlichkeitsmerkmale
- allgemeine Begabungsmerkmale
- das Leistungsverhalten
- das Sozialverhalten
- erworbene Kenntnisse und Fertigkeiten
- besondere Schwächen

Für die Erstellung von Beurteilungsberichten für die Klassen 3 und 4 liegt ein Entwurf mit »fachübergreifenden Gesichtspunkten« sowie »Gesichtspunkten zu den einzelnen Lernbereichen« vor.

Auch in diesem Entwurf kommt der Schülerbeobachtung besondere Bedeutung zu. Die Eltern der Klassen 3 und 4 dürfen wählen, ob ihre Kinder Zensuren erhalten oder Berichtszeugnisse.

8. Hessen

Wenn in Hessen eine allgemeine Beurteilung der Lernentwicklung erwartet wird, setzt das Schülerbeobachtung als Grundlage einer solchen Beurteilung voraus.

In den Rahmenrichtlinien für den Sachunterricht vom 20.07.1976 heißt es zur Feststellung und Beurteilung von Lernfortschritten und -ergebnissen u.a.:

»Gleichwohl bleibt es Aufgabe des Lehrers, die Fortschritte und Ergebnisse des Lernens stetig zu überprüfen, und zwar nicht nur nach Abschluß einer Lerneinheit, sondern bereits dann, wenn Teilergebnisse erreicht worden sind.

Solche Lernergebnis- und -fortschrittsfeststellungen dürfen, insbesondere in der Grundschule, niemals Selbstzweck werden; sie müssen vielmehr die Funktionen von Bestätigung, Ermutigung, Hilfe und Korrektur für den Schüler erhalten.

Jeder Lehrer sollte aus ihnen entnehmen können, wie er den Unterricht weiterführen kann und wem er spezifische Hilfen geben muß.

Die Unzulänglichkeit der traditionellen Notengebung hinsichtlich der oben genannten Funktionen ist erwiesen. Deshalb sollte zunehmend von der Möglichkeit Gebrauch gemacht werden, Noten (Ziffern) durch differenziertere gutachtenähnliche Aussagen über Interessen und Neigungen hinsichtlich bestimmter Lernanlässe, zu Lernergebnissen und ihrer Verbesserungsmöglichkeiten zu ersetzen.

Solange die bisher übliche Notenskala von 1 bis 6 noch nicht aufgegeben werden kann, sollten ähnlich wie im 1. Schuljahr auch im 2. Schuljahr ›Bemerkungen‹ die Noten ersetzen, im 3. und 4. Schuljahr hingegen ergänzen.«

9. Niedersachsen

In Niedersachsen soll der Schülerbegleitbogen für die Grundschule Grundlagen für die Zeugnisbeurteilung liefern.

»Er wird jeweils für das 1. und 2. bzw. für das 3. und 4. Schuljahr geführt und soll dazu beitragen, aufgrund gezielter Beobachtungen individuelle Fördermaßnahmen zu ergreifen. Durch regelmäßige Eintragungen wird außerdem die schulische Entwicklung während der gesamten Grundschulzeit aufgezeigt.« (Schulrecht Niedersachsen, Ergänzungslieferung 223 vom 25. Juni 1981.)

Für die Führung des Schülerbegleitbogens ist der Klassenlehrer verantwortlich. Die Eintragungen erfolgen in Absprache mit den Fachlehrern. Es sind Aussagen zu treffen über das Arbeitsverhalten, unterteilt nach Selbständigkeit, Ausdauer und Arbeitsgenauigkeit, sowie über Interessen, Fähigkeiten und Fertigkeiten (1. und 2. Schuljahr) bzw. besondere Interessen und Fähigkeiten (3. und 4. Schuljahr). Für das 1. und 2. Schuljahr sind die Lernstände in den Lehrgängen Lesen, Schreiben, Mathematik zu beschreiben. Außerdem ist die Teilnahme an Arbeitsgemeinschaften und Fördermaßnahmen einzutragen. Beobachtete Besonderheiten können in einer Spalte »Bemerkungen« frei formuliert werden. Alle Eintragungen sind zu datieren und vom beobachtenden Lehrer abzuzeichnen. Der Bogen begleitet den Schüler während seiner Grundschulzeit, auch bei Schulwechsel.

Eine Weitergabe an eine Schule des Sekundarbereichs I erfolgt nicht. Durch Erlaß vom 24.07.1980, der am 01.08.1980 in Kraft trat, wurde die Form freigegeben, in welcher die notwendigen Beobachtungen schriftlich festgehalten und aktenkundig gemacht werden.

»Die für Elternberatung und Zeugniserteilung bedeutsamen Beobachtungsergebnisse und Leistungsfeststellungen sind möglichst regelmäßig aufzuzeichnen. Dabei bleibt es dem einzelnen Lehrer überlassen, ob er mit dem bisher vorgeschriebenen Schülerbegleitbogen oder einem anders strukturierten Bogen arbeiten bzw. die Aufzeichnungen in freier Form vornehmen will. Es muß jedoch sichergestellt sein, daß diese Aufzeichnungen als verläßliche Grundlage für die Zeugnisse herangezogen werden können. Den Erziehungsberechtigten ist auf Wunsch Einsicht zu gewähren.

Die Aufzeichnungen werden zu den Schülerakten genommen und begleiten die Schüler während ihrer Grundschulzeit. Sie sind dem Bericht der Schule beizufügen, wenn ein Schüler zur Überweisung in die Sonderschule gemeldet wird. Eine Weitergabe an eine Schule/Schulform des Sekundarbereichs I ist nicht zulässig.« (SVBl. für Niedersachsen 8/80, S. 264.)

Vor Ort praxisnah entwickelte Materialien, Initiativen, Modifikationen können dadurch stärker als vordem eingebracht werden. Es muß mitgesehen werden, daß sich damit auch neue Problembereiche aufgetan haben, die innerhalb der Schulen tragfähige Lösungen herausfordern.

In der Anlage 3 zum Erlaß über Zeugnisbestimmungen in der Grundschule sind Formulierungsbeispiele angegeben (Erl. vom 10.12.1981, SVBl. 1982, S. 20).

Diese Beispiele sind als Anregung zur Formulierung anzusehen, keinesfalls als abgestuftes Beurteilungsschema, das die bisherige Einteilung in 6 Notenstufen ersetzen soll bzw. als Abhakekatalog.

Die Beispiele sind in ihrer inhaltlichen Aussage z.T. durch die neuen Rahmenrichtlinien Deutsch und Mathematik überholt und können nur noch insoweit Gültigkeit haben, als sie den neuen RRL entsprechen.

In dem Erlaß vom Mai 1981 (SVBl. 5/81, S. 113) »Die Arbeit in der Grundschule« finden sich zur Beobachtung von Schülern folgende konkrete Aussagen:

In Pkt. 5 – Lernkontrollen, Zeugnisbestimmungen, Versetzungsregelungen – wird gefordert, daß die Überprüfung der Lernfortschritte und Lernergebnisse durch kontinuierliche Beobachtung der Lernprozesse geschieht und durch den Einsatz von Lernkontrollen mündlicher, schriftlicher und fachspezifischer Art. Weiterhin heißt es: »Im 1. und 2. Schuljahr liegt der Schwerpunkt der Leistungsfeststellung auf der unmittelbaren Schülerbeobachtung.«

Zum Lernen im Schulkindergarten wird u.a. erwartet:

»Um jedes Kind angemessen fördern zu können, ist es notwendig, seine Leistungsmöglichkeiten festzustellen. Dazu bedarf es einer sorgfältigen Beobachtung. Beobachtungen verschaffen Informationen über Verhaltensauffälligkeiten und bemerkenswerte Ausfälle. Sie sind Anlaß für gezielte Maßnahmen und ggf. notwendige Untersuchungen.

Systematische Beobachtung setzt Planung und Kontinuität voraus und muß zu einer fortlaufenden Erfassung der Ergebnisse führen.

Auf diese Weise lassen sich Entwicklungstendenzen erkennen, pädagogische Maßnahmen gezielt treffen und Hilfen im Hinblick auf Schullaufbahn geben.«

Zum Lernen in der Grundschule wird u.a. darauf verwiesen, daß der Lehrer bei Einzelarbeit der Schüler Gelegenheit zu individualisierender Beobachtung hat und beim freien Arbeiten einzelne Schüler genauer beobachten und ihre Interessen sowie ihr Arbeitsverhalten kennenlernen kann.

Über die pädagogische Funktion der Beobachtung für Schüler bzw. Lehrer wird ausgeführt:

> »Die Beobachtung, die Feststellung und Bewertung der Lernergebnisse haben für die Schüler die pädagogische Funktion der Bestätigung und Ermutigung, der Lernhilfe und Lernkorrektur.«

> »Die Schülerbeobachtung während des Unterrichts und entsprechende Lernkontrollen geben dem Lehrer die Möglichkeit, den Unterricht in seiner pädagogischen, didaktischen und methodischen Wirksamkeit zu überprüfen und zu verbessern.«

10. Nordrhein-Westfalen

In Nordrhein-Westfalen sind die Schülerleistungen im 1. und 2. Schuljahr in der Form einer »allgemeinen Beurteilung ohne Noten« zu beschreiben, untergliedert nach Arbeits- und Sozialverhalten und den Ergebnissen in den Lernbereichen.

Um dieser Aufgabenstellung entsprechen zu können, bedarf es konsequenter Schülerbeobachtung. In den Richtlinien und Lehrplänen für die Grundschule (Henn-Verlag) wird darauf verwiesen, daß die Schülerbeobachtung als unterrichtsbegleitende Beobachtung durchgeführt werden soll. Die Beobachtungen sollten an einem eingeführten Beobachtungsbogen ausgerichtet sein. Vor »ersten Eindrücken« wird ebenso gewarnt wie vor globalen Feststellungen am Ende einer Beobachtungszeit. Vertretbar urteilen läßt sich erst dann, wenn sich Beobachtungen über einen längeren Zeitraum vergleichen lassen.

11. Rheinland-Pfalz

Rheinland-Pfalz fordert für das 1. und 2. Schuljahr eine Gesamtbeurteilung, unterteilt nach Verhalten, Mitarbeit und Leistungen.

Es wird ein Entwicklungsbericht geführt, bestehend aus:

a) Vorschaltbogen
b) Bogen über Vorschul-/Schulkindergartenzeit
c) Bogen über 1. und 2. Schuljahr
d) Bogen über 3. und 4. Schuljahr
e) Überweisungs- und Rückmeldebogen
f) Bogen für die Orientierungsstufenzeit

Im Vorschaltbogen werden neben anamnestischen Angaben auch solche über den Besuch vorschulischer Einrichtungen, über Methoden des Erstunterrichts, Vorstellung beim Schulpsychologen und Testergebnisse eingetragen.

Im Bogen über Vorschul-/Schulkindergartenzeit sind Beobachtungen einzutragen über:

- Sozialverhalten
- Sprachverhalten
- Lernspielverhalten
- motorische Entwicklung
- bedeutsame Umwelteinflüsse
- sonstige Beobachtungen

Informationen aus Elterngesprächen werden vermerkt, und eine Einschulungsempfehlung ist zu formulieren. Ähnlich differenziert wird in den Bogen für das 1. und 2. Schuljahr bzw. für das 3. und 4. Schuljahr eingetragen. Hier treten noch Angaben über das Lernverhalten sowie über Fördermaßnahmen hinzu.

Der Überweisungs- und Rückmeldebogen wird unseres Wissens nur in Rheinland-Pfalz verwendet. Er enthält außer den Zensuren, die in Klasse 4 bzw. Klasse 5 erteilt wurden, Angaben zu den Bereichen:

- Sozialverhalten
- Erfassung neuer Lerninhalte
- Selbständigkeit
- Schulangst
- Leistungsmotivation
- Mitarbeit im Unterricht

Diese Angaben, wieder jeweils für Klasse 4 bzw. Klasse 5, können in Skalen mit den Graden 1–5 angekreuzt werden. Testergebnisse und Bemerkungen sollen weitere Informationen geben. Dieser Bogen wird zunächst der weiterführenden Schule zugeleitet; er wird von dort nach dem 5. Schuljahr der abgebenden Grundschule zurückgesandt.

Die Verpflichtung zur Führung eines Schülerbeobachtungsbogens entfiel Ende der 60er Jahre im *Saarland*. In welcher Form Schülerbeobachtungen durchgeführt und aktenkundig gemacht werden sollen, ist uns z. Zt. nicht bekannt.

Für das 1. Schuljahr wird neben der Leistungsbeurteilung eine Gesamtbeurteilung des Schülers gefordert.

12. Schleswig-Holstein

Für Schleswig-Holstein wird konkret zur Schülerbeobachtung wenig ausgesagt, das meint aber lediglich, daß sie nicht institutionalisiert ist. Die Notwendigkeit, Schüler beobachten zu müssen, bleibt unbestritten. Im Lehrplan für Schleswig-Holstein heißt es beim Stichwort »Schulanfang« u.a.:

»Bei solchem Schulanfangs-Unterricht bekommt der Lehrer ebenfalls die Möglichkeit, die Lernausgangslagen der Kinder genau zu beobachten, und er gewinnt hierbei die Voraussetzung dafür, im Kinde noch verborgene Befähigungen (affektive, kognitive und soziale) durch Aufgaben, die mit der Lernausgangslage abgestimmt sind, herauszufordern.«

Für die Zeugniserteilung ist Beobachtung unverzichtbare Voraussetzung für die Beschreibung der Lernleistungen. In Schleswig-Holstein wird angestrebt, für die gesamte Grundschulzeit ziffernlose Zeugnisse zu schreiben.

Die Gutachten für den Übergang zu weiterführenden Schulen werden aufgrund der Zensuren, der persönlichen Beurteilung des Schülers durch den Lehrer und Intelligenz-Tests, deren Durchführung empfohlen wird, erstellt. In dem Gutachten werden u.a. Aussagen zur körperlichen Verfassung, zum allgemeinen Arbeits- und Lernverhalten, zu den geistigen Fähigkeiten und zum sozialen Verhalten gefordert. Solche Aussagen sind nur bei kontinuierlicher Beobachtung möglich.

13. Zusammenfassung

Schulformbezogen kann festgestellt werden:
a) Übereinstimmend wird vorausgesetzt, daß gerechte(re) Beurteilung konsequente Beobachtung unabdingbar erfordert.
b) Bereiche der Diagnose und Prognose werden in allen Bundesländern berücksichtigt.
c) Übergreifendes Ziel ist die Überwindung der Eindimensionalität der Zensur durch gesicherte Zusatzinformationen.
   Begründete Aussagen zum Lern-, Arbeits- und Sozialverhalten sollen die Feststellung der Lernleistung ergänzen.
d) Eine auf diese Weise fundierte Leistungsbeurteilung ermöglicht qualifiziertere Laufbahnempfehlungen (Schulfähigkeit, Versetzung, Sonderschulzuweisung, Übertrittsentscheidung)
e) Ergebnisse der Schülerbeobachtung geben dem Lehrer Hinweise, seinen Unterricht zu überprüfen und ggf. zu verbessern.
f) Schülerbeobachtung schafft Voraussetzungen für angemessene Beratung und gezielte Hilfen.
g) Für eine Gesamtbeurteilung der Schüler, die über eine reine Benotung hinausgeht, erscheint die Beobachtung und Erfassung vieler Variablen bedeutsam.
h) Soweit ministerielle Hilfen angeboten werden, heben diese inhaltlich ab auf Sozial- und Arbeitsverhalten sowie auf die Lernleistungen; nach der Form lassen sich Mustertexte, teilweise auch Formulierungsbeispiele bzw. Kriterienlisten unterscheiden.
i) Beobachtungsergebnisse bedürfen der schriftlichen Fixierung und sind zu den Schulakten zu nehmen. Die formalen Vorgaben sind in den Ländern unterschiedlich.

III. Schülerbeobachtung – Aufgaben und Möglichkeiten

1. Hemmende Faktoren

Es ist unbestritten, daß Schülerbeobachtung zu den originären Aufgaben der Lehrkräfte gehört. Als ebenso unbestritten kann es angesehen werden, daß Schülerbeobachtung von vielen Lehrkräften als sehr schwierig angesehen wird. Als größtes Hemmnis erscheint die *Doppelaufgabe* Unterrichten und zugleich Beobachten als besonders problematisch. Das Problem wird vorrangig darin gesehen, daß sich Lehrkräfte beim Unterricht beträchtlich engagieren und sich ohnedies im Zustand der zielgerichteten Anspannung befinden. Insbesondere auf der Beziehungsebene werden ständig, manchmal innerhalb kürzester Zeit, neue Einstellungen und andere Maßnahmen abverlangt, so daß für Schülerbeobachtung keine Zeit zu bleiben scheint oder Schülerbeobachtung gar als Störung des Lehrer-Schülerverhältnisses empfunden wird.

Es muß aber mitgesehen werden, daß die pädagogische Aktivität der Lehrkraft aus der Klasse heraus störbar ist, sei es durch sogenannte Bagatellstörungen, wie z.B. Albernheiten, gegenseitiges Necken zwischen Schülern, Schwatzen, Frechheiten einzelner Schüler sowie mangelnde Aufmerksamkeit, oder durch direkte ernsthafte Störungen im Arbeitsbereich bzw. im zwischenmenschlichen Bereich. Die Reaktion auf solche Störungen ist nicht immer gelassen-sachlich, sondern oft ärgerlich; registriert wird das Ereignis, das den Schüler als Störer kennzeichnet und bei der Lehrkraft in irgendeiner Weise Enttäuschung ausgelöst hat. Hier geschieht jetzt gewissermaßen eine ungewollte Beobachtung nach Muster mit dem Ergebnis eines gefühlsmäßigen Gesamteindrucks. Muster insofern, als verglichen wird mit dem »Leitbild« des braven und fleißigen Schülers.

Es wird als erschwerend angeführt, daß sich Lehrkräfte für die Schülerbeobachtung *unzureichend ausgebildet* fühlen. Dem wäre uneingeschränkt zuzustimmen, wenn an eine rein wissenschaftliche Schülerbeobachtung gedacht wird oder an Problemfälle, die der Hilfe des Schulpsychologen bedürfen. Schüler beobachten, um sie besser kennenzulernen, um angemessen reagieren zu können, erscheint uns notwendig und leistbar. Leichter einsehbar dann, wenn ich meinen eigenen Anspruch primär von der Pädagogik bestimmt verstehe und nicht von der Psychologie oder Soziologie, wenn es mir vordringliches Anliegen ist, helfen zu wollen und »Wissenmüssen« erst nachrangig rangiert, wenn mir Schülerbeobachtung nicht für sich (Selbstzweck) bedeutsam ist, sondern verstanden wird als Möglichkeit, Antworten auf bestimmte Fragestellungen geben zu können (Mittel zum Zweck).

Bei 20 und mehr Schülern bleibt zum Beobachten keine Zeit, wird häufig argumentiert. Es würde den Rahmen dieser Arbeit sprengen und von der eigentlichen Thematik wegführen, an dieser Stelle der Frage nach optimalen Lerngruppengrößen nachzugehen. Wir sind aber der Meinung, daß die Möglichkeit, Schüler zu beobachten, nicht primär durch die Größe der Lerngruppe gegeben ist bzw. eingeschränkt wird. Die »Kleine Klasse« löst nicht von selbst Probleme; die Schüleranzahl ist nur *ein* Bedingungsfaktor für Unterricht und Erziehung, auch für Beobachtung.

Auf die Qualität von Unterricht hat das Lehrerverhalten wesentlich stärkeren Einfluß als die Schülerzahl. Vergleichbar ist eine innere »Dauereinstellung« auf Beobachtung und eine damit zusammenhängende Bewußtheit des Beobachten-Wollens entscheidender als die Gruppengröße. Die Notwendigkeit *schriftlicher Fixierung* von Beobachtungsergebnissen wird bei Berücksichtigung der Funktion des Unterrichtens vielfach als außerordentlich belastend empfunden, oft als nicht leistbar beschrieben.

Wir werden im sechsten Kapitel ausführlich auf diesen Komplex eingehen, deshalb hier nur einige Begründungsaspekte aus pädagogischer Sicht. Von den Aufgaben, die Lehrkräfte von Amts wegen wahrzunehmen haben, sind wesentliche ohne ergänzende Schülerbeobachtung nicht leistbar. Die folgenden Beispiele zeigen die Notwendigkeit schriftlicher Fixierung als in der Sache unverzichtbar auf:

● Die Erfassung der Lernvoraussetzungen, insbesondere bei der Einschulung, bei Versetzungen, bei freiwilligem Zurücktreten, bei Überprüfungen bzw. Umschulungen, bei der Einleitung besonderer Maßnahmen, für die Beratung von Eltern.
● Die Erfassung des Lernstandes in den Erstlehrgängen, wo schriftliche Lernkontrollen kaum möglich und auch nicht wünschenswert sind. Die Ergebnisse der Schülerbeobachtung müssen ebenso wie andere Leistungsfeststellungen schriftlich festgehalten werden als Beleg und Grundlage für die Formulierung der ziffernlosen Zeugnisse.
● Die Erfassung des fächerübergreifenden Arbeitsverhaltens unter Einbezug aller in der jeweiligen Lerngruppe tätigen Lehrkräfte.
● Die Einleitung gezielter Fördermaßnahmen, die über den kognitiven Bereich hinausgreifen und mehr sind als Korrekturmaßnahme bzw. Nachhilfeunterricht.
● Die Erfassung mündlicher und fachspezifischer Leistungen.
● Die Erfassung des Sozialverhaltens und des Verhaltens, auch außerhalb des direkten Unterrichtes.
● Bei Lehrer- bzw. Schulwechsel kann die Arbeit nur sinnvoll fortgeführt werden, wenn Beobachtungsergebnisse schriftlich weitergegeben werden, also aus Gründen der Kollegialität und der Ökonomie.
● Beobachtungen ermöglichen einen Längsschnitt; Untersuchungen und Tests lediglich einen Querschnitt.
● Keine Lehrkraft kann sich »nur« auf ihr Gedächtnis verlassen wollen, sonst ver-

bleibt lediglich ein verschwommenes Gesamtbild, das der Stufe des »ersten Eindrucks« entspricht.

● Bei Vorwürfen oder gar Angriffen gegen Lehrkräfte können schriftlich fixierte Beobachtungsergebnisse u.U. eine entscheidend hilfreiche Rolle spielen.

Ich merke doch sowieso, wer mitarbeiten kann, da bedarf es keiner gezielten Beobachtung. Eine einerseits verständliche Aussage, die sicherlich nicht nur auf »eigener Erfahrung« basiert, andererseits aber als bedenklich angesehen werden muß, weil weniger die Schülerpersönlichkeit als vielmehr Einzelaspekte kognitiver oder affektiver Art bzw. soziale Prozesse oder Augenblicksperspektiven Grundlage von subjektiven Wertungen sind. Diese werden nicht gern korrigiert, weil sie geradezu musterhaft an Kategorien orientiert sind, die bereits auf der Eigenschaftsebene angesiedelt sind und eine Unterscheidung von beschreibbaren Tatsachen und subjektiven Wertungen oftmals blockieren.

2. Begünstigende Faktoren

Die begünstigenden Faktoren hat Heinrich Roth (Pädagogische Psychologie des Lehrens und Lernens. 14. Aufl. Hannover 1973, S. 31) beispielhaft zusammengefaßt:

> »Der Lehrer hat gegenüber sonstigen Begutachtern, die oft ein Kind nur kurze Zeit zur Verfügung haben, einmalige Beobachtungsvorteile:
>
> 1. Er verfügt über die Möglichkeit zu einer längeren intimen Dauerbeobachtung;
> 2. er kann die fruchtbare Gelegenheit, die psychologisch ergiebige Situation, wie sie das Schulleben im natürlichen Fortgang von selbst hervorbringt, zur Beobachtung abwarten;
> 3. er kann notfalls in allen schulischen Aufgaben, in jeder Antwort, in jedem Aufsatz, in jedem Ereignis einen Test sehen, der über das Wesen der Schülerpersönlichkeit aussagt;
> 4. er kann von sich aus genug Gelegenheiten, Situationen, Aufgaben zur Beobachtung schaffen, die dann nichts anderes sind als Testproben;
> 5. er kann jederzeit standardisierte objektive Tests zur Kontrolle und Gegenkontrolle in sein Beobachtungs- und Untersuchungsverfahren einbauen.«

Nach Roth haben die Beobachtungsdaten den Charakter einer Längsschnittuntersuchung; sie sind wiederholbar und dadurch auch überprüfbar.

3. Schülerbeobachtung erfolgt in natürlichen, ungezwungenen Situationen

Dazu gehören sowohl der Unterricht als auch Situationen außerhalb des direkten Unterrichts. Es gibt kein Fach und keinen Lerninhalt, die für Beobachtung ungeeignet wären, wohl aber günstige und weniger günstige Phasen im Unterrichtsverlauf. Lehrkräfte, die in bewußter Beobachtung weniger geübt bzw. erfahren sind, sollten zunächst in Unterrichtsphasen oder bei Unterrichtsformen mit eingeschränkter Lehreraktivität gewollt beobachten. Fachunabhängig bieten sich an:

– »Stillarbeitsphasen«
– Zeiträume vor Beginn von Einzelarbeit, Partnerarbeit, Gruppenarbeit (nach Aufgabenstellung)
– Einzelarbeit, Partnerarbeit, Gruppenarbeit
– freies Spiel
– freie Arbeit
– offene Unterrichtsformen
– Förderunterricht
– Gesprächskreis, Morgenkreis
– Spielphasen im Sportunterricht
– auf Selbständigkeit gestellte Arbeitsphasen, besonders im Kunstunterricht, beim Werken und TG, bei der schriftlichen Gestaltung und im Sachunterricht

In solchen Phasen, mit zunächst spontaner Beobachtung beginnend, findet man relativ schnell zu gezielten Beobachtungsaufgaben.

4. Schülerbeobachtung ist in der Regel zweckbestimmt

Sie ist gerichtet auf

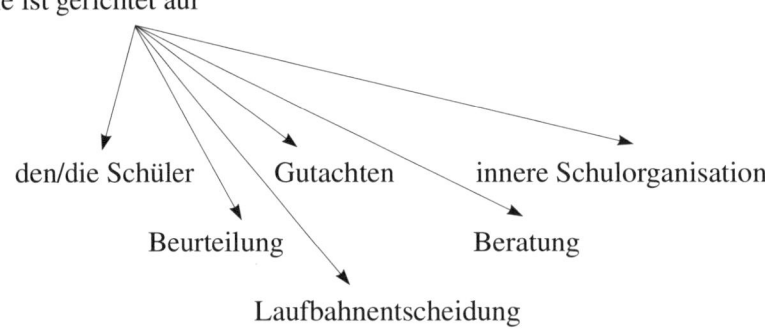

Das Beobachtungsmittel wird vom Ziel bestimmt und kann nach Inhalt und Form unterschiedlich sein. Immer steht der Schüler im Mittelpunkt, den es in seiner Gesamtpersönlichkeit zu erkennen gilt. Beobachtungen zum Zweck der Beurteilung sollen Fragen beantworten, die nicht durch schriftliche Lernkontrollen beantwortbar sind.

Gutachterliche Stellungnahmen erfüllen in der Regel eine begrenzte Aufgabe mit dem Ziel, entweder etwas über die Eignung für ... oder über den Bedarf (Bedürftigkeit) nach ... auszusagen. Beobachtungen werden verdichtet dargestellt und soweit möglich wertend interpretiert.

Um sinnvoll und überzeugend beraten zu können, sind konkrete Beobachtungsergebnisse zugrunde zu legen, um einerseits Übungsinhalte und Übungsformen effektiv einzusetzen, andererseits Fähigkeiten und besondere Begabungen weiterzuentwickeln, u.U. durch Nutzung außerschulischer Möglichkeiten.

Bezogen auf die innere Schulorganisation sind Beobachtungsergebnisse unverzichtbare Grundlage für Maßnahmen der inneren Differenzierung, Organisation von Sozialformen, Gestaltung freier Phasen bzw. freier Arbeit, Öffnung des Unterrichts, Durchführung projektähnlicher Arbeitsformen und Arbeitsgemeinschaften, Stellung differenzierter Hausaufgaben und angemessener Übungen sowie Übungsformen.

Daß Beobachtung in der Regel zweckbestimmt ist, soll konkreter am Beispiel fachspezifischer Leistungen aufgezeigt werden. Genereller Orientierungsrahmen sind die jeweiligen Rahmenrichtlinien, Lehr- und Arbeitspläne. Erkenntnisverfahren haben ebenso wie Phasen des handelnden Umgangs und des Entdecken-Könnens besonderes Gewicht.

In allen Teilbereichen des Deutschunterrichts lassen sich Fähigkeiten und Fertigkeiten beobachten. Diese Ergebnisse sind unverzichtbare Ergänzung der Ergebnisse schriftlicher Lernkontrollen.

● *Im mündlichen Bereich* (Kommunikation und Sprachtraining) *z.B.:*
Lücken ergänzen bei Wörtern, Sätzen, Texten
Anlaute austauschen
Wörter, Sätze, Texte aufbauen
Textaussagen in Bild oder Handlung umsetzen
Wörter, Sätze, Texte spielerisch darstellen
im Gespräch zuhören, reden und sich dabei auf eine Situation, einen Partner, einen Sachverhalt einstellen
sich im Gespräch frei und zusammenhängend äußern
Regeln verstehen, anwenden und anderen erklären
Sachverhalte und Vorgänge erklären
Informationen einholen und auswerten
Informationen geben

● *Beim Lesen z.B.:*
Lesegenauigkeit
Lesefluß
Sinnentnahme
sinngestaltend vorlesen
zunehmend selbständiges Erschließen eines Textes
Einleitung und Schluß abgrenzen
Höhepunkt oder Schwerpunkt abgrenzen
unterschiedliche Sprachschichten erkennen
Möglichkeiten der Wortwahl erfahren
Handlungsmotive erfassen
sich selbst entscheiden und beispielsweise ausgewählte Texte einbringen

- *Beim Schreiben z.B.:*
  Umgang mit Schreibgerät und Material
  Einkreisen, Unterstreichen, Zuordnen
  Koordination von Handbewegung, Materialeigenschaft und Formelementen
  (selbstkontrollierte) Grob- und Feinmotorik
  Schreibabläufe automatisieren beim Abschreiben
  (nach Vorlage), Niederschreiben (Gehörtes nach Diktat) und
  Aufschreiben (Gedachtes)
  Umsetzen von Druck- in Schreibschrift
  Diskriminierungs- und Differenzierungsfähigkeit
  Schriftqualität
  mit Nachschlagewerken und anderen Hilfsmitteln umgehen.

- *Beim schriftlichen Sprachgebrauch z.B.:*
  Erlebtes in richtiger Reihenfolge aufschreiben
  Gedächtnisstützen schriftlich formulieren
  bildliche Darstellungen in Sprache umsetzen
  Spielszenen und andere »Handlungen« schriftlich fixieren
  Geschichten vollenden
  Geschichten durch Verändern der Erzählperspektive umformen
  Ausprägung sprachlicher Gestaltungsfähigkeit
  mit Sprache spielen
  Blattaufteilung, Blattgestaltung

- *Mögliche fachspezifische Leistungen im Mathematikunterricht:*
  Reaktion auf unterschiedliche Lernanregungen
  unterschiedlicher Grad der Reflexion mathematischer Inhalte und Erkenntnisse
  Umgang mit unterschiedlichen Materialien
  Wirkung verschiedener Darstellungsformen (Bild, Tabelle, Diagramm, Graphik, Gleichung)
  Lernverhalten auf verschiedenen Repräsentationsebenen (Handlung, Spiel, Material, Bild-Darstellung-Veranschaulichung, Sprache, Symbol, Zeichen)
  Zeitbedarf insgesamt, ggf. in Teilbereichen
  Abstraktionsfähigkeit
  logische Abfolge von Rechenschritten
  Beherrschung fachimmanenter Arbeitstechniken
  Nutzung von Arbeits- und Spielmaterialien in Freiräumen
  bevorzugtes Lernprinzip
  Sorgfalt und Genauigkeit bei der Darstellung
  Form und Gestaltung schriftlicher Arbeiten
  Umgang mit Hilfsmitteln
  Selbständigkeit
  kreatives, kombinatorisches, Regeln beachtendes Denken
  Vergleichen, Sortieren, Ordnen, Symbolisieren, Analogisieren, Generalisieren

- Im *Sachunterricht* sind insbesondere die fachspezifischen Leistungen geeignetes Mittel, den Lernerfolg zu überprüfen.

  Ausführen praktischer Arbeiten unter Anleitung bzw. selbständig

  Anwenden bestimmter Arbeitsformen und Arbeitstechniken wie Kneten, Falten, Reißen, Kleben, Schneiden, Stecken, Verbindungen herstellen, Schichten, Türmen, Stützen, Belasten, Montieren, Demontieren, Herstellen, Ausprobieren, Verbessern, Testen, Planen, Experimentieren, Konstruieren

  Werkzeugkenntnis und werkstoffgerechter Einsatz von z.B. Schere, Messer, Hammer, Zange, Nagelbohrer, Locheisen, Seitenschneider, Feinsäge, Lineal

  zweckmäßiger Umgang mit Materialien wie Papier, Pappe, Karton, Schachtel, Korken, Knetmasse, Ton, Hölzer, diverse »Primitivmaterialien«, Halbfertigprodukte, Fertigprodukte

  Versuche aufbauen, durchführen, beschreiben, Ergebnisse als Antwort auf eine Frage erkennen

  Beobachtungen über kurze Zeit, ggf. auch längerfristig, sorgfältig und konsequent durchführen

  Vergleiche anstellen nach Vorgabe bzw. selbständig

  zweckdienliche Befragungen vorbereiten, durchführen und im Ergebnis festhalten

  Sammeln und Auswerten von Informationen

  gezielt Material beschaffen

  verschiedene Darstellungsformen zweckmäßig anwenden

  selbständiges Ergänzen bzw. Erweitern vorgegebener o. erkannter Sachverhalte

  Erörtern und Bewerten von Sachverhalten oder Phänomenen

  Vermutungen äußern und begründen

  Lösungswege finden und anbieten

  Gegenstände, Sachverhalte, Abläufe beschreiben

  Fachbegriffe sachgerecht anwenden

  Verhaltensweisen beim Umgang mit Objekten (Übersicht, Umsicht, Reaktionsschnelligkeit, Sorgfalt, Ausdauer, Genauigkeit)

  Ansätze technisch-konstrukiven, technisch-funktionalen, technisch-ökonomischen Denkens.

- *Im Textilen Gestalten z.B.:*

  einfache optische Untersuchungsmethoden (Aufsicht, Übersicht, Durchsicht) ausführen

  einfache haptische Untersuchungsmethoden (Fühlen, Reiben, Dehnen, Knittern, Reißen) durchführen

  grobe Stoffe fadengerade schneiden

  flächengestaltende Werkverfahren (Drucken, Färben, Sticken) sach- und fachgerecht durchführen

  flächenherstellende Werkverfahren (Weben, Häkeln, Flechten, Knoten) sach- und fachgerecht ausführen

Werkzeugkenntnis und materialgerechte Verwendung von Werkzeugen
Kreativität, Sorgfalt, Genauigkeit, Ausdauer, Arbeitstempo
grundlegende Abhängigkeiten vom Verwendungszweck erkennen (Material-aspekt, sozio-ökonomischer Aspekt, individueller Aspekt)
freies Experimentieren.

● *Im Fach Kunst* sind fachspezifische Leistungen gut zu beobachten an Verhaltens-weisen, Arbeitsweisen und Arbeitsergebnissen, *z.B.:*
Leistungsfähigkeit und Eigenart von Bleistift, Kugelschreiber, Faserschreiber, Buntstift, Wachsmaler, Haarpinsel, Borstenpinsel kennenlernen und unterscheiden
Materialien beschreiben und vergleichen
mit Materialien Erfahrungen sammeln, sie erproben und sachgerecht verwenden
materialbezogene Techniken kennenlernen, üben und nach Weisung bzw. in freier Entscheidung anwenden
Umsetzen einer gestellten Aufgabe (Thema, Technik, Materialwahl, Form, Farbe, Kreativität, Originalität, Ausführung, Durchführung)
Umsetzen einer selbst gewählten Aufgabe (Auswahl und Anwendung der bildne-rischen Mittel)
themenbezogen sach- und fachgerecht mit Material und Gerät umgehen
Sensibilisierung von Tast- und Sehsinn
Sehen und Begreifen, Umgehen und Verwenden, Mitteilen und Verstehen

● *Im Fach Musik* ist z.B. in besonderer Weise zu beobachten:
Mit der eigenen Stimme und mit Instrumenten richtig umgehen
stimmlich und/oder instrumental mit anderen zusammenarbeiten
Notation sinnvoll benutzen
aktiv am Schulleben teilnehmen
die Struktur von Gehörtem erkennen
Gehörtes transponieren in Notation, Bild, Pantomime, Bewegung, Tanz, Szene
Übereinstimmung zwischen musikalischer Vorlage und Wiedergabe bzw. Darstel-lung
Übereinstimmung von Musik und Bewegung, Tanz, Pantomime, szenischer Dar-stellung
Umsetzen von Musik in eigene instrumentale Gestaltung (einzubeziehen sind Stimme und körpereigene Instrumente)
Besonderheiten, wie rhythmische Sicherheit, Stimmführung, sachlich fundierte Mitarbeit

● *Im Fach Sport* z.B.
Verhalten beim Spiel (Spielregeln erfassen, anerkennen und beachten, Regeln er-weitern, neue erfinden etc.)
Soziales Verhalten (Rücksichtnahme, Tolerieren von Schwächen, Hilfsbereit-schaft, Gruppenfähigkeit etc.)

Kreativität beim Finden selbst erdachter Übungen und Spiele, Geschicklichkeit
bei altersangemessenen Bewegungsabläufen
Koordination von Bewegungsabläufen (Raum-, Lage- und Richtungsempfinden,
Lateralitätspräferenz, Seitendominanz)
Verantwortungsbereitschaft und Zuverlässigkeit
Fertigkeiten beim Umgang mit beweglichen und feststehenden Sportgeräten
Geschicklichkeit und Koordination sowie Kreativität im Bereich »Musik und Be-
wegung«

Die vorgenannten Beispiele erheben keineswegs Anspruch auf Vollständigkeit. Sie
sollen einerseits den Blick schärfen für fachspezifische Leistungen und andererseits
verdeutlichen, daß fachspezifische Lernkontrollen überwiegend durch bewußtes Beobachten erfolgen.

IV. Was kann beobachtet werden?

1. Grundschüler äußern sich

Diese Frage, Grundschülern gestellt, führt zu aufschlußreichen Ergebnissen. Zwei Beispiele sollen das verdeutlichen. Im ersten Halbjahr eines 2. Schuljahres beobachten sich Schüler während einer Phase freier Arbeit untereinander und schreiben ihre Beobachtungen auf. Die Ergebnisse lesen sich z.B. so (Fehler sind belassen worden):

> »Sehr viele Kinder flehchten. Danielo und Sven spielen etwas was nicht sintvol ist. Sehr viele Kinder tropfen (Arbeit mit Wachs, Verf.). Meiko macht erger. Meiko macht etwas nicht Sintvoles. Sven Syla list. Martin macht mit Meiko etwas nicht Sintvoles.«
> »David spielt mit seinem Kreisel. Kirsten tropft (Arbeit mit Wachs, Verf.). Johannes und Patrik und Danielo spielen.«
> »Wenig Kinder flechten. Wenig Kinder schreiben. Franziska malt. Johannes und Patrik spielen etwas Sindvoles. Danielo Bildet Wörter. Markus Bildet auch Wörter. Sven schreibt. Bianca liest.«

Wir lassen diese Beobachtungen von uns aus kommentarlos so stehen, fügen statt dessen das Protokoll eines Unterrichtsgespräches in einer 4. Klasse an.

L: Was kann man denn eigentlich beobachten?
Sch: Menschen
Sch: Tiere
Sch: die Schule
Sch: nein, Häuser nicht
L: Warum nicht?
Sch: na, die stehen nur da
Sch: die kann man sehen
Sch: oder bewundern
Sch: oder betrachten
Sch: die bewegen sich nicht
Sch: Ja, alles was sich bewegt, kann man beobachten, auch Bäume im Wind.
L: Was geschieht, während man beobachtet?
Sch: da fällt einem etwas auf

Sch: manche tun dasselbe

Sch: manche rennen

Sch: manche essen

Sch: manche benehmen sich eigenartig

L: Birte beobachtet nicht nur *was* jemand tut

Sch: sondern auch wie – eigenartig ist ein Wiewort

L: Ob Daniela das Benehmen wohl auch eigenartig findet?

Sch.: nein, vielleicht gefällt es ihr

Sch: sie findet es gut

Sch: dann streiten sich die beiden vielleicht

Sch: wenn zwei beobachten, gibt es Unterschiede

Sch: weil jeder eine eigene Meinung hat

L. Seht euch dieses Foto an. Ihr habt gesagt, beobachten kann man nur, wenn sich etwas bewegt. Kann man nun auf diesen Bildern nichts beobachten?

Sch: doch, was die Kinder gerade tun

Sch: die haben sich bewegt, als Sie fotografiert haben

Sch: wie die aussehen, kann man sagen

L: Dann beobachtet doch mal Tobias!

Sch: er schreibt mit Bleistift

Sch: er liegt auf dem Tisch

Sch: er guckt hierher zu uns

Sch: er hat den Kopf auf den einen Arm gelegt

Sch: er steht am Tisch

Sch: er hält das Blatt fest

Sch: er hält die Hand so komisch

Sch: als wenn er keine Lust hätte

L: Halt – seid ihr bis hierher mit allen Aussagen einverstanden?

Sch: ja, aber ich glaube nicht, daß er keine Lust hat

Sch: er weiß nicht, was er machen soll

Sch: er will lieber was anderes tun

Sch: er überlegt, wie das geschrieben wird

L: Jetzt habt ihr aber ganz verschiedene Meinungen geäußert.

Sch: ja, aber man weiß nicht, wer recht hat

Sch: das kann man nicht sehen, das muß man sich denken

Sch: und jeder denkt etwas anderes

L: Laßt es uns noch einmal mit Svens Bild versuchen.

Sch: er hat ein Kuscheltier im Arm

Sch: er guckt auf das Buch und liest

Sch: Ich habe den Finger auf der Reihe, wo ich lese.

Sch: das Kuscheltier guckt auch ins Buch

Sch: er sitzt auf dem Stuhl

Sch: er streckt die Zunge raus

Sch: ja, so ... (macht es nach)

Sch: er sieht lustig aus

L: Da bin ich anderer Meinung.

Sch: aber traurig ist er nicht

L: Das habe ich auch nicht sagen wollen.

Sch: er ist konzentriert

Sch: er paßt auf

Sch: Ich lese in der Lektüre und alle anderen auch.

L: Was würde ich wohl denken, wenn mir jemand Svens Foto zeigte und mir sagte: »Diesen Schüler bekommen Sie in Ihre Klasse.«

Sch: der ist fröhlich

Sch: das ist ein guter Schüler

Sch: der ist nett

Sch: Sie würden sich drüber freuen

Sven: Kann sie auch!

Alle lachen (vgl. dazu die Bilder auf S. 46 – 57)

Tobias schreibt (2. Schuljahr)

Sven liest (3. Schuljahr)

Die folgenden Bilder sollen zu eigener Beobachtung anregen und auffordern

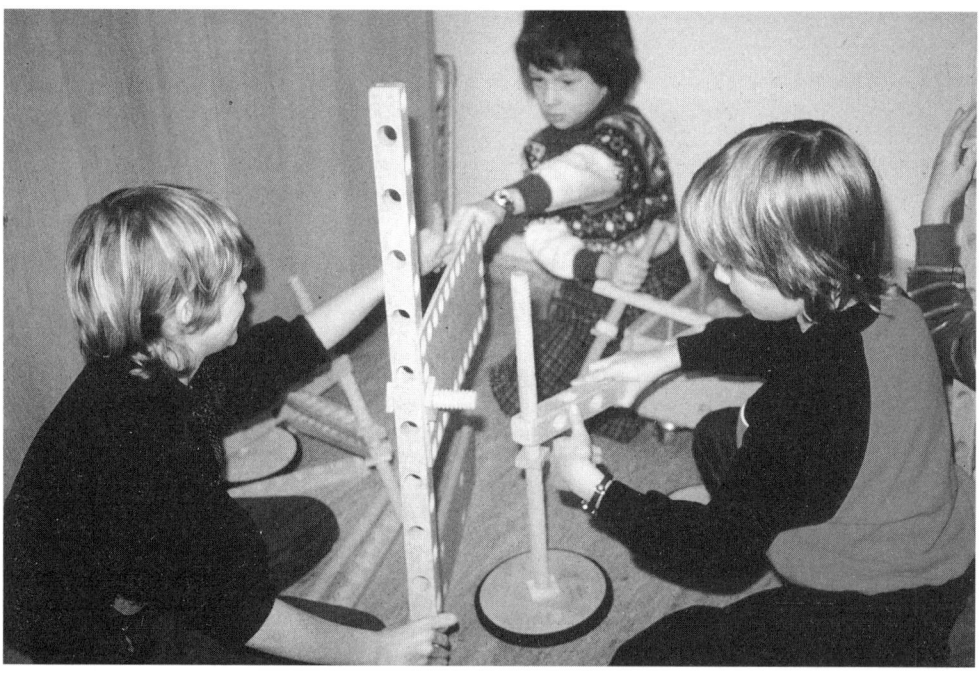

53

55

2. Arbeitsverhalten

Die oftmals angegebenen Beobachtungskategorien Selbständigkeit, Ausdauer, Arbeitsgenauigkeit werden hier in zweifacher Absicht ergänzt. Die Fragen: »Was ist unter Arbeitsverhalten zu verstehen? Was muß (soll) ich beobachten? Was ist für die Beurteilung wichtig? Was bedarf notwendig der Förderung?« erfordern weitere Kategorien, um Beobachter zu sensibilieren, Schüler besser kennenlernen zu wollen.

Beobachtungskategorien orientieren sich an den Zielen für Unterricht und Erziehung; Zielerläuterungen können folglich zugleich auch eine Hilfe bei Zeugnisformulierungen sein.

Die folgenden Kategorien sind nicht erschöpfend; je nach gegebenen Umständen ist sicher noch manches andere beobachtbar. Sie sind auch nicht gedacht, schematisch festgelegt zu werden, sollen vielmehr auf Beobachtungsmöglichkeiten hinweisen und zum Beobachten anregen.

Arbeitshaltung:
Arbeitet ein Kind zielbewußt, aufmerksam und ausdauernd oder ist es leicht ablenkbar, ohne Ausdauer und möchte sich schnell einer Aufgabe entledigen?

Um auf diese Frage eine weitgehend kompetente Antwort zu finden, bedarf es einer zielgerichteten Beobachtung, bei der folgende Indikatoren zu bedenken sind:

2.1 Aufgabenverständnis

Das Aufgabenverständnis kennzeichnet die Auffassungsgabe eines Kindes, die sich sowohl auf die Schnelligkeit als auch auf die Vollständigkeit bezieht.

Dabei ist bedeutsam, ob ein Kind Anweisungen, Aufträgen und Demonstrationen der Lehrkraft aufmerksam und interessiert folgt und in seiner nachfolgenden Arbeit zeigt, daß es die Anweisungen verstanden hat. In diesem Zusammenhang lassen sich Beobachtungsergebnisse differenzieren, wenn die Reaktion auf mehrgliedrige Anweisungen beobachtet wird. In jeder Lerngruppe gibt es Kinder, die imstande sind, Anweisungen zu befolgen, die aus mehreren Teilen bestehen.

Andere wiederum vermögen nur Teile oder nur einen Teil der Anweisung zu befolgen. Es gibt Kinder, die nicht ohne weiteres verstehen, was sie tun sollen, die besonderer Hilfen bedürfen oder spezielle Erläuterungen brauchen. Darunter auch jene, die sich von einer der Gruppe gegebenen Anweisung nicht angesprochen fühlen und die persönliche Anrede erwarten. Es ist kein Einzelfall, wenn ein Kind andere die Arbeit beginnen läßt und dann versucht, nachzuvollziehen. Meistens ist hier ein unvollständiges Aufgabenverständnis die Ursache. Sei es, daß das Aufgabenverständnis überstürzt und deshalb unvollständig ist oder daß ein Kind meint, sofort alles verstanden zu haben und weiterer Anleitung gar nicht mehr zuhört, sondern voreilig mit der Arbeit beginnt.

Am liebsten sind uns die Kinder, deren Aufgabenverständnis rasch und zugleich vollständig ist. Es treten in der Regel keine Verständnisschwierigkeiten auf. Aufgaben werden unverzüglich nach der Erklärung verstanden, Teilbereiche sofort überblickt und sachgerecht miteinander verbunden.

Die Gruppe, deren Aufgabenverständnis durchschnittlich ist oder doch zu sein scheint, wird oft zu wenig beachtet. Diese Kinder gehören häufig zu jenen, über die Lehrkräfte nicht so recht konkrete Aussagen machen können. Wird das bewußt, z.B. bei Einträgen in Beobachtungsbögen, sollten diese Kinder gezielt beobachtet werden, um »blinde Flecke« zu vermeiden.

Langsames Aufgabenverständnis für sich allein ist nicht negativ. Es kann vollständig und gründlich sein, erfordert aber eine gewisse Zeit. Anfängliche Verständnisschwierigkeiten können auch Verständigungsschwierigkeiten sein, zumal der Anteil der Kinder fremder Muttersprache vermehrt auch in ländlichen Schulbereichen zu bedenken ist. Anfangsschwierigkeiten werden eher und besser überwunden, wenn uns bewußt ist, daß solche Kinder etwas länger brauchen, bis sie begriffen haben, was getan werden soll. Dabei ist zu beobachten, daß Aufgaben schrittweise, ein Teil nach dem anderen, aufgefaßt werden; dann jedoch mit konsequenter Eindringlichkeit bearbeitet werden.

Problematisch sind die Kinder, die nicht begreifen, was sie machen sollen, die eine Aufgabe durchaus nicht verstehen und immer wieder Hilfen in direkter Zuwendung benötigen. Sei es, daß ihr Aufgabenverständnis so langsam ist, daß es unvollständig bleiben muß trotz guter Erklärung oder daß solche Kinder sich an einem Teilbereich einer Aufgabe geradezu festbeißen und dadurch das Insgesamt der Aufgabe nicht erkennen können, folglich außerstande sind, Verbindungen und Zusammenhänge herzustellen.

Das Aufgabenverständnis kann fachbezogen und inhaltsbezogen unterschiedlich sein, deshalb bedarf es der gegenseitigen Information der in einer Klasse tätigen Lehrkräfte sowohl im informellen Gespräch als auch in der Klassenkonferenz.

2.2 Aufmerksamkeit

Unterschiede in der Aufmerksamkeit der Schüler wirken sich im täglichen Unterrichtsgeschehen einschneidender aus als Unterschiede in der Intelligenz. Sowohl das Verhalten im Unterricht als auch die Arbeitsweise werden von der Aufmerksamkeit entscheidend beeinflußt. Zwei Bereiche verdienen besondere Beachtung, die Art und Weise, wie ein Kind aufmerkt und das unterschiedliche Ausmaß an Aufmerksamkeit.

Wir kennen Kinder, die sofort auf den kleinsten Reiz anspringen, häufig bevor ein Sachverhalt, eine Aufgabe hinreichend beschrieben oder erklärt werden konnte. Insbesondere der Reiz des neuen oder vermeintlich neuen wird geradezu begeistert aufgegriffen und (manchmal lautstark) bejaht. Ein solch drängelndes Dabeisein ist nicht von Dauer. Diese Kinder lassen sich nur schwer, manchmal überhaupt nicht an den Unterrichtsgegenstand binden. Sie sind schnell und leicht umstellbar auf andere Themen oder Gebiete, die nicht unbedingt mit dem Unterricht zu tun haben, sobald andere Empfindungen einwirken. Sie begegnen uns als übererregbar, hippelig und flüchtig.

Kinder, deren Aufmerksamkeit leicht erregbar ist, können dennoch Einzelheiten eines Unterrichtsgegenstandes, einer Aufgabe in hinreichender Weise erfassen. In Abgrenzung zu den »Hippeligen« sind sie neuem gegenüber nicht nur leicht ansprechbar, sondern bringen dem neuen Interesse entgegen, das sie trotz Wendigkeit an den Unterrichtsgegenstand zu binden vermag. Sie sind leicht umstellbar auf andere Themen und können sich in der Regel mühelos auf andere Fächer einstellen. Aufgrund ihrer Wendigkeit gehören sie meistens zu den »angenehmen« Schülern, die gern mit besonderen Aufgaben betraut werden.

Neues spricht keineswegs alle Kinder an, manche verhalten sich neuem gegenüber mißtrauisch, verbleiben lieber beim alten. Sei es, daß sie sich im Bekannten bzw. Erkannten sicher fühlen oder daß sie sich aus dem Gefühl heraus, neuem wenden sie sich erst zu, wenn sie mit dem alten für sich fertig geworden sind, schwer umstellen. Ihre Aufmerksamkeit ist schwer erregbar, weil oftmals von neuen Sachverhalten nur ganz bestimmte Eindrücke aufgenommen werden. Es ist schwierig zu erkennen, ob bewußt eine Auswahl getroffen wird oder unbewußt aus einer Abwehrhaltung heraus gegenüber Reizüberflutung.

Kinder, die alles neue zunächst völlig ablehnen, sind schwer, manchmal gar nicht umzustellen. Sie sprechen weder auf neue Sachverhalte noch auf neue Situationen an und können Aufgaben nicht erfassen. Ihr Verhalten ist so, als klammerten sie sich an etwas fest, das aber für den Beobachter nicht erkennbar ist. Die Aufmerksamkeit erscheint bei diesen Kindern geradezu blockiert. Wenn das für alle Unterrichtsfächer so zutrifft, ist eine schulpsychologische Beratung zu empfehlen.

2.3 Konzentration

Die Fähigkeit, sich zu konzentrieren, wird weitgehend bestimmt durch das unterschiedliche Ausmaß, den Umfang von Aufmerksamkeit. Umwelteinflüsse und Erfahrungswissen sind weitere Einflußgrößen, die sich im Verlauf der zurückliegenden ca. 30 Jahre mit positiven und negativen Auswirkungen verändert haben. Die Umwelt des Grundschülers endet nicht mehr an der äußeren Grenze der Gemeinde; durch Medien und Mobilität ist das Geschehen in der Welt in die kindliche Umwelt einbezogen worden. Es ist verblüffend, was Grundschüler gehört und gesehen haben, worüber sie reden und was sie (scheinbar) schon wissen. So gesehen ist ihre Aufmerksamkeit weit gespannt; zu weit dann, wenn über Gehörtes und Geschehenes nicht klärend gesprochen werden kann. Und das ist leider allzu häufig der Fall. Deshalb kommt dem Verfahren des Ordnens und Zuordnens von Informationen besondere Bedeutung zu. Dabei ist es erforderlich, Begriffe, die Kinder, insbesondere aus der Erwachsenenwelt, übernehmen, zu klären und auf ihre Bedeutung hin zu überprüfen. Erst dadurch kann das Kind lernen, daß richtig verwendete Begriffe die Wirklichkeit benennen und beschreiben und Sachverhalte sowie Situationen ordnen können als Voraussetzung für eine Beurteilung. Das erleichtert und fördert zugleich die Kommunikation, während Begriffe, die wie eine Formel dahergeredet werden, verschleiern statt klären.

Aus der Umwelt wirken viele Informationen und Eindrücke auf Kinder ein, die nicht der Verstehensfähigkeit dieser Kinder entsprechen und vielfach nicht ihr entsprechend aufgearbeitet werden (können). Solche Informationen und Eindrücke sind dem Kind letztlich nicht zugänglich; sie verunsichern oder verwirren und beeinflussen das Konzentrationsvermögen negativ.

Die Anzahl der Kinder scheint zuzunehmen, die scheinbar über eine extreme Reichweite der Aufmerksamkeit verfügen. Sie fallen uns auf, weil sie allzuleicht ablenkbar sind, ständig neue Eindrücke aufnehmen und nicht bei der Sache bleiben können. Sie schauen immer wieder, was die Nachbarn machen und teilen unverzüglich, aber auch unkontrolliert mit, was sie bemerken oder meinen bemerkt zu haben. Darüber vergessen sie ihre eigene Arbeit, von der sie sich ohnedies gern ablenken lassen. Es läßt sich häufig beobachten, daß diese Kinder z.B. Fehlverhalten bei anderen sofort sehen und monieren, aber nicht ihr eigenes falsches Verhalten erkennen. Sie entdecken auch Fehler, die einer der Nachbarn gemacht hat, selbst dann, wenn sie dabei »über Kopf« lesen müssen, sind jedoch nur selten imstande, ihre eigenen Arbeiten erfolgreich auf Fehler zu überprüfen. Klopft es an die Tür, hören sie es sofort und sind sogleich auch bereit, die Tür zu öffnen, mindestens aber die Lehrkraft unverzüglich darauf aufmerksam zu machen, unabhängig von der jeweiligen Unterrichtssituation. Fällt Tinas Bleistift zur Erde, heißt es: »Die hat ihren Bleistift runtergeworfen.« »Jetzt hat sie ihren Bleistift schon wieder runtergeworfen.« »Nun hat sie auch noch ihren Bleistift runtergeworfen.« Es kann aber auch geschehen, daß der heruntergefallene Bleistift kommentarlos aufgehoben und auf Tinas Tisch gelegt wird. Hilfsbereitschaft oder die Bereitschaft, die eigene Arbeit zu unterbrechen?

Was im Klassenraum geschieht, wird bemerkt und häufig kommentiert für alle, für die Lehrkraft, manchmal nur für den Nachbarn. Geräusche im Flur oder in Nebenräumen sind ebenso willkommene Ablenkung wie jedes Geschehen hinter dem Fenster.

Das Blickfeld dieser Kinder ist zu weit gespannt, deshalb wirken sie häufig überspannt, zerstreut, flatterhaft und nervös. Sie sind zu innerer Sammlung nicht in der Lage, vermögen sich nicht zu konzentrieren, so daß die Ergebnisse ihrer Arbeit selten dem Vermögen entsprechen – eine Schülergruppe, die so frühzeitig wie möglich gezielter Beobachtung bedarf, um entsprechend helfen zu können.

Haben die offensichtlich vorliegenden Mängel in der Konzentrationsfähigkeit z.B. ihre Ursache in

– unzureichender Selbstkontrolle
– falscher Selbsteinschätzung
– sinkender Toleranzschwelle gegenüber Interessen und Bedürfnissen anderer
– der Entfremdung von der natürlichen Umwelt
– negativen Einflüssen des sozialen Umfeldes
– Realitätsverlust und Fremdbestimmung (komplexer Medieneinfluß z.B.)
  bei gleichzeitigem Reizhunger
– einem Überangebot an Spielzeug bei gleichzeitigem Fehlen elementarer
  Spielerfahrung, besonders in Gruppen
– einem Überbehütetsein
– einem Zu-wenig-behütet-Sein?

Diese Kinder stehen in der Gefahr, in einen Teufelskreis zu geraten, der ihr Verhalten negativ beeinflußt. Erster sichtbarer Ausdruck könnte die Forderung nach unverzüglicher Zuwendung sein, sonst treten Reaktionen mit Bodenaffektivitäten auf (Fluchthandlungen, Verweigerungen, Abwertung von Material oder Personen, Aggressionen gegen ...).

Eine andere Gruppe fällt in der Regel positiv auf. Kinder, die den Unterrichtsablauf mitgestalten, Einfälle haben, überlegt fragen, problematisieren, die »Zugpferde« sind, lassen sich so beschreiben:

Sie sind vielseitig in ihren Interessen und in ihrer Einsatzbereitschaft sowie Verwendbarkeit. Weitblickend erkennen sie Zusammenhänge, überschauen aufgrund der Klarheit der Auffassung Gegenstände, Vorgänge und Situationen und können sie entsprechend zuordnen. Sie nehmen Vieles auf einmal auf, sind imstande, es zu ordnen und zu behalten, besitzen also die Fähigkeit der Sammlung, auch der inneren Sammlung. Ihre Aufmerksamkeit ist auf mehrere Vorgänge, Ereignisse, Gegenstände, Aufgaben gleichzeitig gerichtet, deshalb verfügen sie über einen guten Überblick und können sowohl entsprechend reagieren als auch vorausschauend bzw. weiterführend agieren. Trotz dieser durchweg positiven Voraussetzungen setzen uns diese Kinder manchmal in Erstaunen aufgrund ihrer wechselnden Konzentration. Es scheint dann, als ließen sie sich leicht ablenken, als suchten sie nach einer anderen Tätigkeit, als erwarteten sie geradezu eine Störung, die sie gar nicht als belastend empfinden. Es bedarf jedoch keiner besonderen Anstrengung, die Arbeit, als sei sie gar nicht unterbrochen worden, wieder aufzunehmen und sachgerecht fortzuführen.

War das möglicherweise gar keine Ablenkung, sondern Konzentration auf ein Detail, das fragwürdig erschien; ein Gedanke, der u.U. hätte weiterführen können und dann doch verworfen wurde oder bloß ein kurzes Verschnaufen?

Wechselnde oder gezielte Konzentration gilt es hier durch Beobachtung zu klären.

Wie bereits oben für die Gruppe derer ausgeführt wurde, deren Aufgabenverständnis als durchschnittlich angesehen wird, gilt das vergleichbar für den Bereich Konzentration. Ein begrenzter Aufmerksamkeitsumfang kann zu höchster Konzentration führen. Aufmerksam ist das Kind gegenüber einem abgegrenzten (Außenwirkung) oder eingegrenzten (Eigenentscheidung) Blickfeld, das nicht umfassend ist. Nur was verstanden, klar bewußt wurde, gerät ins Blickfeld. Das kann ein einziger Gegenstand oder Vorgang sein oder einige wenige. Dieser bzw. diese werden gezielt gesammelt und geordnet und konsequent bearbeitet. Die Aufmerksamkeit auf den Gegenstand, den Sachverhalt, die Situation wird zu höchster Konzentration gesteigert in der Absicht, letzte Klarheit zu erlangen.

Die begonnene Arbeit nimmt das Kind ganz gefangen, es ist ganz vertieft, kümmert sich nicht um das, was um es vorgeht und läßt sich ungern unterbrechen. Von sich aus unterbricht es in der Regel nicht.

Werden Störungen überhaupt beachtet, so werden sie zugleich als lästig empfunden; es möchte die begonnene Sache zu Ende führen.

Die Fähigkeit zur Sammlung, sich auf einen oder nur wenige Sachverhalte ungeteilt konzentrieren zu können, ist positiv zu sehen. In der Gruppe dieser Kinder finden sich die Tüftler, Entdecker, Erfinder, Spezialisten, deren besondere Interessen durch Beobachtung herausgefunden werden sollten, um nicht fremdbestimmt zu versanden.

Kinder, die uns geistig unbeweglich erscheinen, sind i.d.R. in ihrem Aufmerksamkeitsumfang eingeschränkt. Sie sind von dem restlos ausgefüllt, mit dem sie sich gerade beschäftigen. Das muß aber nicht der Unterrichtsgegenstand sein. Gegen Zurufe, Aufforderungen, Hinweise, auch Störungen, reagieren sie unempfindlich, als gingen sie mit Scheuklappen durch die Schule oder könnten sich nicht aus ihrem gewohnten »Alltagstrott« lösen. Oft reagieren sie nur auf eine lautstarke Ansprache bzw. auf eine eindeutige Zurechtweisung, die als Unterbrechung empfunden wird. Es gelingt jedoch längst nicht immer, diese Kinder dadurch in das Unterrichtsgeschehen einzubinden. Ihre ausgeprägte Einseitigkeit läßt sie von ihren Eindrücken nicht loskommen; der Versuch, aufmerksam dem Unterricht zu folgen, gelingt selten. Unsicherheit und Unzufriedenheit nehmen zu, weil sie Aufmerksamkeit nicht verteilen können. Sie vermögen das Unterrichtsgeschehen nur unzureichend aufzufassen, finden andererseits nur schwer oder gar nicht zurück zu ihrer anfänglichen »Arbeit« und werden im negativen Sinn unruhig, manchmal zu schier unerträglichen Störfaktoren.

Bei solchen Kindern kann es ratsam sein, Schulpsychologen beratend einzuschalten. Verhaltensweisen, wie beispielsweise unten aufgeführt, fordern zu gezielter Beobachtung heraus:

- Kinder fragen um des Fragens willen, häufig ohne Sachbezug, eher in der Absicht, sich ins rechte Bild zu setzen oder
- es wird überhaupt nicht gefragt bzw.
- durch die Frage wird deutlich, daß sachbezogen überlegt wurde
- Lehrerfragen werden spontan beantwortet (könnte ja vielleicht so etwa stimmen) oder
- Lehrerfragen werden überlegt und durchdacht beantwortet
- das eine Kind denkt bei schwierigen Aufgaben nach und läßt sich Zeit
- ein anderes arbeitet flüchtig, ohne nachzudenken und wenig zielstrebig
- ein drittes ist geradezu fixiert auf Nebensächlichkeiten
- und vermag das Eigentliche, das Wesentliche nicht zu erkennen, während
- ein viertes dadurch auffällt, daß es umsichtig arbeitet, Zusammenhänge erfaßt und Vorteile nutzt, aber auch Veränderungen erkennt

2.4 Anstrengungsbereitschaft

Die Anstrengungsbereitschaft wirkt unmittelbar auf das Lernverhalten ein. In jeder Lerngruppe finden sich Kinder, die beständig aktiv und lebendig mitarbeiten, weder ständiger Anstöße noch eines Druckes von außen bedürfen.

Andere sind ausgesprochene Anstrengungsvermeider, scheinen sich wohlzufühlen, wenn sie unbeschäftigt sind, wirken bequem, träge und faul und verhalten sich Anforderungen gegenüber gleichgültig. Sie sind passiv und arbeiten nur unter Zwang, dem sie sich nicht entziehen können. Bloßer Druck von außen läßt sie unentschlossen bleiben.

Die typischen »Saisonarbeiter« sind ebenfalls Anstrengungsvermeider, die pragmatisch das Notwendige tun, um nicht unheilbaren Schaden zu erleiden, aber geschickt Möglichkeiten nutzen, sich zu drücken.

Die Übereifrigen meinen, alles zu können und möchten alles zugleich auch tun. Sie fangen zuviel auf einmal an und geraten deshalb beim Arbeitsablauf in Schwierigkeiten. Sie finden keine zweckmäßige Ordnung, kein System.

Andere Kinder nehmen sich lieber etwas zu wenig als zu viel vor, sind jedoch durchaus bereit, sich anzustrengen.

Sie entscheiden sich zögerlich. Haben sie sich für einen bestimmten Ablauf entschieden, so wird Punkt für Punkt abgearbeitet. Die Anstrengungsbereitschaft ist dann jeweils auf einen dieser Punkte gerichtet.

Kinder, denen anzumerken ist, daß sie mit Lust und Eifer lernen wollen, strengen sich auch gern an. Sie sind immer tätig, regsam, geistig beweglich und fleißig. Mit Lernwiderständen setzen sie sich auseinander, lassen sich weder entmutigen noch durch Drucksituationen beeinflussen. Dabei ist es sekundär, ob die Aufgabe den besonderen Interessengebieten zugeordnet werden kann. Sie wirken ausgeglichen und zufrieden, Anstrengungsbereitschaft und Arbeitsergebnis sind ausgewogen, das eigene Vermögen wird richtig eingeschätzt. Was gewollt wird, wird auch bewältigt.

Erste Auffälligkeiten können positiv oder negativ sein. Das eine Kind ist gern bereit, eine Arbeit zu wiederholen, um zu einem besseren Ergebnis zu kommen; das andere verliert die Lust, wenn es noch einmal beginnen soll. Das eine Kind reagiert auf Ermahnung mit erhöhter Anstrengung, das andere strengt sich auch nach Ermahnung nicht an. Das eine Kind arbeitet gern, auch wenn es sich dabei anstrengen muß, das andere will das Ziel schnell und ohne Anstrengung erreichen und gibt auf, wenn es merkt, daß es das nicht schafft.

Solche oder vergleichbare Erstbeobachtungen sollten gezielte Beobachtung auslösen.

2.5 Ausdauer

Ausdauer, Konzentration, Aufmerksamkeit, Anstrengungsbereitschaft hängen selbstverständlich miteinander zusammen, trotzdem einige Gedanken zum Indikator Ausdauer, weil hier Verhaltensweisen in besonderer Weise auffällig erscheinen. Wie erfreulich in der und für die tägliche(n) Arbeit ist es doch, Kinder zu sehen, die konzentriert und ausdauernd mitarbeiten, die eine begonnene Arbeit zielstrebig und bewußt bis zu Ende durchführen und Arbeitsergebnisse erst vorzeigen, wenn diese fertiggestellt sind. Diese Kinder sind nicht leicht abzulenken, sie können über längere Zeit konzentriert arbeiten und sind nicht leicht ermüdbar. Sie halten in der Regel auch durch, wenn eine Arbeit wenig abwechslungsreich ist.

Den Gegenpol bilden jene Kinder, die sprunghaft und leicht ablenkbar sind, eine begonnene Arbeit abbrechen oder während der Arbeit anfangen zu spielen bzw. zu schwatzen. Sie müssen immer wieder zur Weiterarbeit angehalten werden. Am liebsten springen sie von einer Sache zur anderen, können sich nur kurzfristig konzentrieren, dann drängt es sie geradezu weiter. Dabei ist ihnen das Wohin meist selbst nicht klar, es muß nur etwas anderes sein. Wird einmal für einen Sachverhalt Interesse gezeigt, hält das nicht lange vor, verlischt schnell wie ein Strohfeuer. Diese Kinder sind leicht ermüdbar, manchmal sind sie bereits kurz nach Beginn einer Arbeit wieder müde.

Zwischen ausdauernd und sprunghaft liegt das weite Spektrum derer, deren Ausdauer fach- bzw. themenabhängig ist oder von dem Zeitaufwand für die Erledigung einer Aufgabe vorrangig bestimmt wird. Auch die Gruppe muß gesehen werden, der einförmige Arbeit nicht liegt. Kinder dieser Gruppe sind durchaus geistig beweglich, oft aber auch in ständiger Bewegung. Sie sammeln für eine gewisse Zeit ihre Kräfte, die dann auf eine Aufgabe konzentriert werden. Das ist aber jeweils nur von begrenzter Dauer, dann muß etwas ganz anderes gemacht werden. Es ist, als vollzöge sich ein Arbeitsablauf in Schüben. Innerhalb eines Schubes sind solche Kinder durchaus ausdauernd, nicht aber für den Gesamtablauf eines Vorganges bzw. Arbeitsprozesses.

2.6 Arbeitsplanung

Vorab sei angemerkt: Arbeit und Arbeitsabläufe zu planen, können und müssen Grundschüler lernen. Weder die Fähigkeit noch die Fertigkeit des Planens entwickeln sich wie nebenher von selbst. Sollen Grundschüler z.B. zu freier Arbeit befähigt werden oder soll zu offenen Unterrichtsformen gefunden werden, muß Arbeitsplanung gelehrt und gelernt werden.

Kinder, die sich ihre Arbeit zweckmäßig einteilen, tun das meistens, um schnell zum gewünschten bzw. geforderten Ergebnis zu kommen. Organisation (Bereitlegen und Anordnen entsprechender Arbeitsmaterialien, Gliederung des Arbeitsauftrages, was kommt zuerst, was dann, u.a.) ist Mittel zum Zweck, nicht Selbstzweck. Diese Kinder sind zupackend. Bemerken sie eine günstige Möglichkeit für das Weiterkommen, sind sie bereit, den ursprünglichen Plan entsprechend zu verändern. Sie nutzen Einfälle des Augenblicks, sind nicht auf ein System fixiert und vernachlässigen u.U. Form und Sauberkeit in der Gestaltung. Aufgrund ihrer geistigen Beweglichkeit können sie sich neu einstellen. Zur Mitarbeit und zur Zusammenarbeit sind sie gleichermaßen in der Lage.

Einzelne sind bereits imstande, für sich einen festen Arbeitsplan aufzustellen, sei es gedanklich oder fixiert. Systematische Arbeitseinteilung, bezogen auf Organisation und auf Durchführung, sehen sie als Hilfe an. Der Plan gilt als gut überlegt und wird zielstrebig verfolgt. Abweichungen werden nicht gern vorgenommen und nur dann akzeptiert, wenn sie einsichtig sind und vorteilhaft erscheinen. Solche Kinder haben ein regelrechtes Gespür für Arbeitseinteilung. In der Partnerarbeit dominieren sie zumeist; sie eignen sich gut für die Leitung einer Arbeitsgruppe.

Umstandskrämer gibt es ebenfalls. Sie stehen sich selbst im Weg und kommen vor lauter Überlegungen, vor lauter Wenn und Aber erst mit großer Verzögerung zur eigentlichen Arbeit. Über das »Nachdenken« nach einem möglichen Arbeitsweg oder vielleicht doch lieber nach einem anderen suchen, wird der Arbeitserfolg zweitrangig. Diese Kinder reden gern und viel über das, was sie (oder man) tun können (kann) bzw. wollen (will), wenn sie sich nur erst für das eine oder andere entschieden hätten. Der Arbeitserfolg leidet unter der Absicht, den Ablauf in ganz besonderer Weise organisieren zu wollen.

Kinder, die planlos arbeiten, arbeiten zugleich auch willkürlich. Ohne große Überlegung, ohne Zusammenhänge zu erkennen oder sich einen Überblick zu verschaffen, wird an irgendeiner Stelle angefangen. Treten Schwierigkeiten auf, wird aufgehört und an einer anderen Stelle, u.U. ganz am anderen Ende, erneut angefangen. Die Arbeit erfolgt nicht nur planlos, sondern auch ohne bestimmtes Ziel. Es sei denn, Ziel wäre es, irgendwie, am liebsten schnell, fertig zu werden. Kinder, die z.B. beim sogenannten Kästchen-Rechnen beim Abschreiben der Aufgaben vertikal vorgehen und dabei auch noch Ziffern statt Zahlen untereinander schreiben, neigen zu solch planloser Arbeit.

2.7 Arbeitstempo

Es sollte nicht nur die Geschwindigkeit gesehen werden, in der eine Aufgabe erledigt wird, ohne Sorgfalt und Richtigkeit zu berücksichtigen, sondern auch das Verhältnis zwischen Tempo und tatsächlich geleisteter Arbeit.

Von schnellem Arbeitstempo ist dann auszugehen, wenn Aufgaben in kürzerer Zeit als vorgesehen erledigt werden, wobei sich die jeweils vorgesehene Zeit am durchschnittlichen Arbeitstempo der betreffenden Lerngruppe orientiert. Schnell arbeiten können kann sich positiv auswirken, muß es aber nicht. Positiv bei den Kindern, deren Arbeitsablauf zugleich flüssig ist, denen im Grunde jede Arbeit flott von der Hand geht. Gemessen am Durchschnitt bringen sie in kürzerer Zeit die Arbeit korrekt und sauber zuwege, weil sie zielstrebig vorwärts arbeiten, die Zeit sinnvoll nutzen, zugleich Zeit und Ablauf auch einschätzen können.

Bei hastigem und übereiltem Arbeiten wirkt sich ein schnelles Tempo negativ aus. Kinder, die allein »auf Zeit« arbeiten, verlieren den Überblick, werden nervös und aufgeregt, beginnen zu schludern und fangen an, sich selbst zu hetzen. Arbeit wird auf Geschäftigkeit reduziert, und das wirkt sich nicht nur auf die Qualität des Ergebnisses aus, sondern auch auf die Befindlichkeit und das Verhalten des betreffenden Kindes.

Normales bzw. durchschnittliches Arbeitstempo liegt bei den Kindern vor, die Aufgaben in der dafür vorgesehenen Zeit erledigen. Auch hier meinen wir, daß die Qualität des Arbeitsergebnisses dem Leistungsdurchschnitt der Lerngruppe entsprechen muß, damit das Verhältnis zwischen Tempo und geleisteter Arbeit angemessen ist.

Bei langsamem Arbeitstempo wird für die Erledigung von Aufgaben mehr Zeit gebraucht als vorgesehen bzw. die Aufgaben werden in der vorgesehenen Zeit nur zu einem Teil erledigt. Im ersteren Fall kann trotz eines geruhsamen Tempos dennoch ein zügiger Ablauf vorliegen. Es wird ohne Hast gearbeitet, aber stetig, so daß das Ergebnis letztlich besser ist, als aufgrund des Bewegungsablaufes erwartet werden konnte. Diese Kinder lassen sich nicht aus der Ruhe bringen, können aber sehr wohl ihre Zeit zweckmäßig einteilen.

Im zweiten Fall ist das Tempo zu langsam, so daß die Arbeitsleistung mengenmäßig hinter dem Durchschnitt zurückbleibt. Der Arbeitsablauf ist häufig stockend, es wird getrödelt und geht nicht oder nur schleppend voran. Diese Kinder erwecken den Eindruck, als wäre es ihnen völlig egal, wie lange Zeit sie für eine Arbeit benötigen. Sie sind nicht in der Lage, ihre Zeit einzuteilen; manchmal scheint es sogar so, als fehle jeglicher Zeitbegriff.

2.8 Arbeitsausführung

Die Arbeitsausführung bezieht sich sowohl auf die innere als auch auf die äußere Ordnung. Nur bei Berücksichtigung beider Aspekte kann festgestellt werden, ob sachgerecht und sorgfältig, entsprechend der jeweiligen Anweisungen, gearbeitet wird. Innere und äußere Ordnung bedingen einander und stehen in einem Wirkungszusammenhang.

Positiv oder negativ beeindruckt sind wir zunächst vom Arbeitsergebnis. Das darf uns nicht genügen. Nach den Ursachen für unterschiedliche Ergebnisse fragen heißt Arbeitsablauf, Genauigkeit und Arbeitsweg beobachten.

Wie kommt ein Arbeitsergebnis zustande, das uns erfreut, weil es formal ordentlich und zudem ästhetisch-dekorativ gestaltet ist? Sorgfältiges und gewissenhaftes Arbeiten ist sicher eine Voraussetzung für ein solches Ergebnis. Die aufgewendete Sorgfalt entspricht dabei der Aufgabe, die genau und exakt erledigt wird. Klein- und Feinarbeit werden bedacht ausgeführt, Ordnungsliebe fällt sowohl beim Einhalten des Arbeitsweges als auch bei der Verwendung geeigneter Mittel für die Lösung der Aufgabe auf. Kinder, die solche beispielhaften Arbeitsergebnisse vorlegen, sind nicht nur auf Sauberkeit bedacht, sondern teilen auch den verfügbaren Raum angemessen auf. Sie arbeiten beständig und geduldig, bleiben bei auftretenden Schwierigkeiten zäh an der Sache und schätzen ihre Fähigkeiten richtig ein. Sie sind selbstbewußt, ohne überheblich zu sein. Das gibt ihnen Sicherheit in der Arbeit. Bei aller Zielstrebigkeit sind sie umsichtig und wendig und können sich bei der Ausführung ihrer Arbeiten selbst kontrollieren. Niemals wird etwas vergessen, unbedingte Zuverlässigkeit und Pünktlichkeit sind ihnen selbstverständlich. Man spürt geradezu, daß sie auch innerlich beteiligt sind.

Die eher unbekümmert-sorglosen Kinder zeigen sich in der Regel in der Arbeitsausführung großzügig. Sie suchen die große Linie, Klein- und Feinarbeit mögen sie nicht. Vorteile beim Arbeitsablauf werden gern genutzt. Es wird auch schon mal aufs Geratewohl probiert, dabei werden die eigenen Fähigkeiten manchmal überschätzt. Unbefangen bleiben angefangene Arbeiten manchmal liegen, weil neues reizt und wendig angefangen wird. Die Qualität des meist dennoch richtigen Arbeitsergebnisses leidet darunter, nicht aber die »charmante« Natürlichkeit, mit der sich diese Kinder z.B. darüber hinwegsetzen, wenn sie einmal etwas vergessen haben. Zusammenhänge werden erkannt, die gesamte Problemlage u.U. überschaut, auf formalen Ordnungssinn, z.B. beim Einhalten des Arbeitsweges, kann gut verzichtet werden. Die richtige Lösung ist wichtig, Sauberkeit, Form und Gestaltung sind sekundär. Deshalb werden Arbeiten nicht immer sachgerecht und sorgfältig wie aufgegeben erledigt.

Im Gegensatz dazu die »Kleinigkeitskrämer«, die, gewiß in guter Absicht, vor lauter Einzelheiten keine Zusammenhänge erkennen, sich an Teilgesichtspunkte verlieren, denen sie mit übertriebener Sorgfalt nachgehen. Umständlich im Zugriff auf die Arbeit; aus der Sorge, etwas zu vergessen, wird immer noch einmal nachgesehen, geblättert und vermeintlich geprüft. Der Arbeitsbeginn verzögert sich dadurch. Dieser Verzug wird selten aufgeholt. Diese Kinder fallen z.B. dadurch auf, daß sie um sich eine Barriere aus Büchern oder Heften errichten, um niemand an ihre Arbeit herankommen zu lassen. Sie möchten zwar alles selbst machen, verzagen jedoch meistens bei auftretenden Schwierigkeiten und werden unsicher. Eifrig um sorgsame Sauberkeit bemüht, fehlt meist die erforderliche Wendigkeit, den Arbeitsablauf zweckmäßig zu organisieren. Auch der Lehrerin zuliebe möchten sie es besonders gut machen. Unzufriedenheit tritt auf, wenn der selbst gesetzte Anspruch, der manchmal nur »Wunschtraum« ist, nicht erfüllt werden kann. Dann können diese Kinder außerordentlich empfindlich reagieren.

Wem es an hinreichender Sorgfalt fehlt, dem mangelt es zugleich an Ordnungssinn und Zuverlässigkeit. Arbeitsmaterial zweckmäßig bereitlegen wird genauso als überflüssig angesehen wie das Aufräumen zum Arbeitsende. Es ist zur Gewohnheit geworden, etwas zu vergessen, Aufgaben oberflächlich anzugehen, Arbeiten halbfertig liegenzulassen, irgendwo irgend etwas zu beginnen oder auch nicht und nachlässig zu schreiben. Arbeiten werden nicht sachgerecht ausgeführt, sei es, daß Arbeitsanweisungen nicht begriffen werden oder daß aufgrund unzureichender Fertigkeiten rasch aufgegeben wird. Wenn überhaupt mitgearbeitet wird, ist die Mitarbeit zufallsabhängig und von der Motivation her nur schwer verständlich oder begründbar. Das wäre ein Arbeitsfeld für den Schulpsychologen, denn diese Kinder können einerseits ungeduldig vorwärtsdrängen (seltener und meist im außerunterrichtlichen Bereich) und dabei in ihrer Vorgehensweise sogar unvorsichtig sein, andererseits erscheinen sie uns stumpfsinnig, starr oder verbohrt. Sie zeigen selten Interesse, sind äußerst schwierig zu motivieren, stellen sich ungeschickt an, sind lustlos, empfinden Schule als ungerechte Belastung: Null-Bock auf der ganzen Linie.

Das Arbeitsergebnis ist ihnen gleichgültig, die Ausführung deshalb vielfach schlampig. Oft halten sie von Sauberkeit wenig. Wendigkeit, Umsicht, Eifer, Bereitschaft zum Mittun liegen außerhalb der Zugriffsmöglichkeiten für diese Kinder. Sie sind schwer zu integrieren, blocken bei Partnerarbeit, entziehen sich der Gruppenarbeit und nehmen häufig eine Außenseiterposition ein.

3. Selbständigkeit

In jedem Schuljahr, in den verschiedenen Fächern, ja bei der jeweiligen Aufgabenstellung, müssen wir uns zunächst selbst fragen, inwieweit kann selbständiges Arbeiten überhaupt erwartet werden, wo bedarf es der Hilfe, der Bereitstellung von Hilfsmitteln, der Zuwendung oder Bestärkung?

Wenn unter Selbständigkeit die Fähigkeit verstanden wird, die Bearbeitung von Aufgaben allein zu planen und durchzuführen, sind wir aufgefordert, Kinder zunächst einmal diese ihre Fähigkeit erkennen und erfahren zu lassen, um sie dann systematisch weiterzuentwickeln.

Kinder müssen lernen, *sich selbst einzuschätzen,* um zu erfahren, welche Aufgaben sie allein bewältigen können. Sich die selbständige Bewältigung zutrauen ist zwar eine positive Voraussetzung, aber keine Gewähr für ein weiterführendes Ergebnis und hilft noch nicht, die Ich-Stabilität zu festigen. Die Stufenfolge Wollen – Können – Erreichen muß Kindern auf der jeweiligen Verstehensebene einsichtig gemacht werden.

Erst dadurch werden sie befähigt, sich selbst eine Arbeit vorzunehmen und diese durchzuführen. Ein Prozeß, der sich bei den Kindern sehr unterschiedlich entwickelt und mit dem Ende der Grundschulzeit nicht abgeschlossen ist. Erfreulich, wenn es gelingt, Kinder so weit zu bringen, daß sie erkennen und wissen, was sie selbständig bewältigen können. Diese Kinder sind meistens auch imstande und bereit, sich ein eigenes Urteil zu bilden und die Verantwortung für erbrachte Leistungen zu übernehmen.

Daneben gibt es die Sorglosen, die alles für leicht halten, keine Schwierigkeiten sehen und deshalb meinen, alles allein zu können. Sie überschätzen sich, bemerken das meistens recht spät und reagieren dann je nach Temperament verzagt, resigniert, nach Hilfen suchend oder eigensinnig bzw. starrköpfig.

Die Kinder, die sich zu wenig zutrauen, benötigen Unterstützung und Bestärkung. Sie sind durchaus willig, am liebsten jedoch nachschaffend tätig, dabei dann durchaus eifrig. Gern greifen sie auf Bekanntes zurück. Eigene Einfälle werden selten geäußert. Ihre Leistungen schätzen sie eher schwächer ein. Kinder, die bei der Planung und Durchführung eines Arbeitsablaufes ständig Hilfe benötigen, sind meistens auch in anderen Bereichen von anderen Menschen abhängig, übernehmen deren Meinung, sind also leicht beeinflußbar. Sie neigen zu Vorurteilen und können die eigene Leistung kaum einschätzen.

Initiative, Aktivität und Beweglichkeit bei der Aufgabenbewältigung werden von den o.g. Erscheinungsformen mitbestimmt. Wer sich selbst eine Arbeit vornehmen kann, imstande ist, selbständig eine Aufgabe zu lösen, beteiligt sich auch an Vorschlägen für Arbeit und Spiel und hat weiterführende, manchmal auch originelle Einfälle. Bei Schwierigkeiten weiß er sich zu helfen, sei es, daß er geeignete Hilfsmittel einzusetzen weiß oder einen anderen Lösungsweg findet. (Voraussetzungen für offene Unterrichtsformen und freie Arbeit.)

Kinder, die sich passiv verhalten, solange keine für sie eindeutige Arbeitsanweisung erfolgt, neigen zu schematischer Arbeit. Sie können sich nur schwer umstellen. Wenn sie an irgendeiner Stelle nicht weiterkönnen oder wenn sie meinen, es fehlt etwas, kommen sie sofort zur Lehrkraft oder suchen bei den Nachbarn Hilfe.

Inwieweit ein Kind selbständig zu arbeiten vermag, läßt sich gut während des Arbeitsablaufes beobachten. Unzureichende Selbständigkeit kann bei der Planung und/oder der Durchführung eines Arbeitsablaufes festgestellt werden. Erforderliche Hilfen können graduell sehr unterschiedlich sein. Dem einen genügt ein Denkanstoß, ein anderer benötigt eine ausführliche Beratung, ein dritter muß auf Einzelheiten hingewiesen werden, ein vierter schließlich kann nur nachvollziehen bzw. imitieren.

Nach der Aufgabenstellung ist bereits eine erhebliche Streuung bemerkbar, die meistens bis zur Beendigung der Arbeit bestehen bleibt. Dabei bleibt die Anfangsgruppierung keineswegs erhalten. Manche Kinder beginnen die Arbeit unverzüglich selbständig, unterbrechen jedoch im Arbeitsablauf an irgendeiner Stelle und arbeiten erst weiter nach erneuter Motivation, nach erhaltener Bestätigung oder nach dem Erhalt zusätzlicher Anweisungen bzw. der Bereitstellung geeigneter Hilfsmittel.

Es ist aufschlußreich, an welcher Stelle des Arbeitsablaufes ein Kind unterbricht. Meistens bedarf es allerdings weiterer Erkenntnisse durch gezielte Beobachtung, um solche Kinder zu größerer Selbständigkeit und damit auch Sicherheit zu führen.

Anderen fällt es schwer zu beginnen. Ein Gespräch mit dem oder den Nachbarn muß erst geführt werden. Dabei geht es meistens um Nebensächlichkeiten oder Detailfragen, selten um grundsätzliche Anliegen. Vorsorglich wird die Lehrkraft noch einmal gefragt, ob dies oder das wohl so oder anders gemeint war. Einige müssen persönlich aufgefordert werden, mit der Arbeit zu beginnen.

Zusätzliche Fragen im Verlauf der Arbeit können auf den Grad der Selbständigkeit hinweisen, wenn darauf geachtet wird, ob es Fragen formaler Art sind, ob inhaltsbezogen gefragt wird oder ob Fragen mit einer weitschweifigen persönlichen Erklärung verbunden werden.

Ein hohes Maß an Selbständigkeit kann vorausgesetzt werden, wenn Kinder alternative Lösungen zu einer gestellten Aufgabe finden, wenn sie ohne fremde Hilfe geeignete Hilfsmittel zur Lösung heranzuziehen vermögen, wenn sie ohne besondere Aufforderung ihre Arbeit korrigieren oder gar Partnerkontrolle durchführen können.

Planung, Durchführung, Fertigstellung und Korrektur einer Arbeit kann selbständig erfolgen, mit gelegentlicher Hilfe oder nur mit ständiger Unterstützung leistbar sein. Kinder, die trotz ständiger Unterstützung eine Arbeit nicht beenden, müssen gezielt beobachtet werden, um aufgrund der Beobachtungsergebnisse notwendige Fördermaßnahmen organisieren zu können.

Der Grad der Selbständigkeit kann bei einem Kind unterschiedlich ausgeprägt sein. Das ausgesprochen praktisch veranlagte Kind, u.U. auch zu Hause zur Mitarbeit herangezogen, wird bei manueller Aufgabenstellung weitgehend selbständig arbeiten können. Möglicherweise bedarf es bei kognitiver Aufgabenstellung ständiger Unterstützung.

Kinder mit »zwei linken Händen« können bei kognitiver Aufgabenstellung durchaus zu selbständiger Arbeit in der Lage sein, während sie bei manueller Aufgabenstellung auftretende Schwierigkeiten nicht ohne ständige Hilfe bewältigen können.

Aktivität in der Schule wird ebenso durch Selbständigkeit beeinflußt wie durch Interesse an Lerninhalten.

4. Interessen

Über die Interessen eines Kindes schlüssig etwas auszusagen, scheint besonders schwierig zu sein. Jeder mag sich selbst dazu befragen und seine diesbezüglichen Zeugnisformulierungen überprüfen. Ohne kontinuierliche Beobachtung lassen sich Interessen nur selten feststellen.

Ich habe Interesse an etwas oder für etwas, es interessiert mich. Was bedeutet das eigentlich?

Zum einen interessiert ein objektiver Sachverhalt, weil er Aufforderungscharakter hat.

- *Lersch* formulierte das sinngemäß so: Interesse zielt auf die Erhellung einer Sache um ihrer Wissenswürdigkeit willen. Das meint zugleich eine innere Ausrichtung auf einen bestimmten Gegenstand, Sachverhalt oder auch auf eine bestimmte Person. Dabei können Interessen auf alle Gegenstände oder Sachverhalte gerichtet sein, sofern sie dem inneren oder äußeren Erlebnishorizont eines Kindes zugehören. Sie müssen für das Kind einen Wert besitzen bzw. eine Bedeutung haben auf den bzw. die es sich einstellen kann. Zum anderen kann das Interesse auf den handelnden Umgang mit interessanten Gegenständen gerichtet sein, zumeist verbunden mit einer bestimmten Richtung des Handelns.

Es ist pädagogisch bedeutsam, daß die interessanten oder interessierenden Gegenstände die Wahrnehmung der betreffenden Kinder spontan auf sich lenken und die Wahrscheinlichkeit für handelnde Aktivitäten mit ihnen erhöht wird.

Interessen lassen sich inhaltlich unterschiedlich gliedern.

- *Kant* sprach von Interesse an der Sache bzw. Interesse an der Handlung zur Realisierung.

- *Herbart* unterschied Interesse der Erkenntnis (empirisch, spekulativ, ästhetisch) von Interesse der Teilnahme (sympathisch, sozial, religiös).

- *Thurstone* gliederte in Interesse für Menschen, Sprache, Wissenschaften, Geschäfte.

- *Spranger* ordnete grundlegenden Interessenrichtungen Interessentypen zu und unterschied zwischen theoretischen, ökonomischen, ästhetischen, sozialen, religiösen und Machtmenschen.

Die Interessenforschung hat empirische Daten analysiert und auf grundlegende Interessenfaktoren zurückgeführt. Lassen wir hier den großen Bereich der Berufsinteressen unberücksichtigt, so wurden im außerberuflichen Interessenbereich folgende Faktoren herausgefunden: Abenteuerlichkeit, Vorliebe für Zerstreuung, Vorliebe für Abwechslung, Vorliebe für Präzisionsarbeit.

Die Entwicklung von Interessen wird stark von der jeweiligen Umwelt eines Kindes beeinflußt. Eine anregende Umwelt begünstigt sowohl die Ausdifferenzierung von Interessen als auch die Reichhaltigkeit. Im Vorschulalter wechseln die Interessen häufig, während der Grundschulzeit tritt eine zunehmende Stabilisierung des Interessengefüges ein.

Die jeweilige Interessenstruktur beeinflußt das Leistungsverhalten eines Kindes außerordentlich. Leistungsmängel lassen sich oft auf mangelndes Interesse an Leistungsforderungen oder den zugrundeliegenden Lerninhalten zurückführen. Leistungsstärken lassen sich häufig beobachten, wenn Begabung für ein Fach bzw. für bestimmte Aktivitäten mit einem entsprechend ausgerichteten Interesse zusammenfallen.

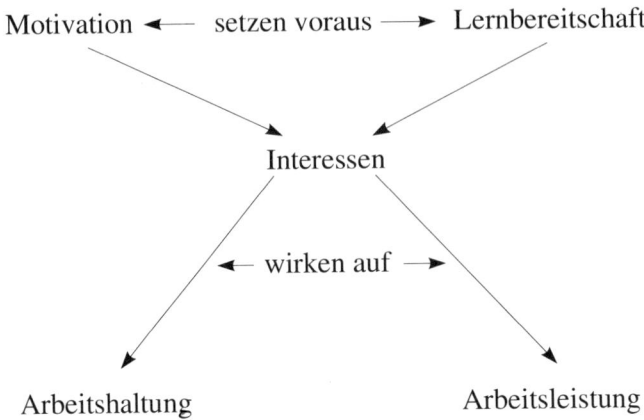

Für die Schülerbeobachtung sind zwei Bereiche wesentlich:

— Interesse am Unterricht und bestimmte bzw. spezielle Interessen.
— Ist das Interesse am Unterricht gleichbleibend oder gibt es Unterschiede?

Unterschiede treten oft fachbezogen auf. Wir sprechen von Lieblingsfächern und solchen, die unbeliebt sind, oder von der Begabung für ein Fach. Manchmal zeigen Kinder besonderes Interesse an Teilbereichen eines Faches, z.B. für Geometrie oder für den geographischen Aspekt des Sachunterrichts, für das Instrumentalspiel im Musikunterricht oder für eine bestimmte Spielart im Sportunterricht, für eine besondere Technik im Kunstunterricht oder für die Flächengestaltung in TG. Möglicherweise zeigen Kinder nur Interesse an neuen Lerninhalten, nicht aber an erforderlichen Übungen. Andere verhalten sich bei Lernangeboten desinteressiert, sind aber interessiert zu üben, besonders dann, wenn sie erfahren, daß damit Können verbunden ist. Einer hat vorwiegend praktische Interessen, ein anderer neigt zum Theoretiker. Der eine zeigt Interesse für Feinarbeit und freut sich über jedes sauber, genau und exakt gestaltete Blatt. Dem anderen ist an einem schnellen Ergebnis gelegen, bei dem es nicht so sehr auf Genauigkeit ankommt.

Bestimmte oder spezielle Interessen

präsentieren uns Kinder oftmals beiher. Achten wir darauf, was Kinder gern in die Schule mitbringen, worüber sie sich gut informiert zeigen, über welche Kenntnisse sie verfügen, die die Schule nicht vermittelt hat, lassen sich Rückschlüsse auf bestimmte Interessen ziehen. Fragen wir uns, aber auch das Kind, warum es gern liest, schreibt, malt, rechnet, spielt, bastelt, baut, stoßen wir u.U. auf spezielle Interessen.

Lieblingsbücher und Lieblingsbeschäftigungen können ebenso wie Unbeliebtes für uns aufschlußreich sein, wenn wir den Grund für die Bevorzugung oder Ablehnung in Erfahrung bringen können. Besonderheiten fallen uns manchmal außerhalb des Klassenraumes auf und können uns erstaunen lassen, weil wir gerade diesem Kind ein solches Interesse nicht zugetraut hatten. Zum Beispiel:

Anläßlich einer Wanderung wurde ein drittes Schuljahr u.a. auf den Gesang eines Buchfinks hingewiesen. Ein Schüler merkte an: »So singt der nur bei schönem Wetter, bei trübem Wetter ruft der ganz anders.« Im Verlauf der Wandrcung überraschte dieser Schüler durch weitere sachkundige Bemerkungen über Vogelstimmen, die zu hören waren. Die Wanderung wurde zu einer vogelkundlichen Wanderung, die Informationen kamen von diesem Schüler. Auf dem Rückweg fragte er: »Soll ich morgen mal ein Band mit Vogelstimmen mitbringen?« Am nächsten Tag zeigte sich, daß dieser Schüler nicht nur Vogelstimmen zu unterscheiden vermochte, sondern vieles über die heimische Vogelwelt wußte, viel mehr als die übrige Klasse, ja weit mehr als die Lehrkraft.

Ein Schüler eines vierten Schuljahres verblüffte anläßlich eines Landschulheimaufenthaltes im Harz durch seine Ortskenntnis und die Fähigkeit der geographischen Zuordnung. Das waren aber, wie sich im Verlauf herausstellte, nur Sekundärerscheinungen. Der Junge sammelte Steine des Harzes, verfügte über ein beachtliches Sachwissen und über eine geordnete Steine-Sammlung. »Später möchte ich auch Mineralien sammeln, jetzt ist mir das noch zu schwer.«

Eine Schülerin eines zweiten Schuljahres verfügte über eine außergewöhnliche mathematische Begabung. Die vermutete oder gar gefürchtete Unterforderung mit ihren Negativauswirkungen blieb aus. Begabung verband sich mit Interesse. Insbesondere bei der Suche nach alternativen Lösungswegen und deren anschaulicher Darstellung mit Hilfsmitteln (meist aus dem Spielbereich) oder z.T. selbst ausgedachter Symbole, fand dieses Kind seinen Weg, die Begabung sinnvoll zu nutzen, ohne sich aus der Lerngemeinschaft herauszulösen.

Häufiger treffen wir auf Kinder, die an Sprache interessiert sind. Sie freuen sich aufs Vorlesen und hören aufmerksam zu. Sie bringen selbst ein Buch mit, aus dem sie vorlesen möchten. Sie erzählen Erlebtes folgerichtig, teilweise spannend und haben dabei kaum grammatikalische Schwierigkeiten. Sie kennen Rätsel und Zungenbrecher und haben Freude an Wortspielereien.

Grundschüler nach ihren Interessen gefragt, erbringt als Ergebnis überwiegend Wünsche nach Unterrichtsthemen, die größtenteils im Sachunterricht anzusiedeln sind. Wenngleich die geäußerten Wünsche vom jeweiligen Umfeld offensichtlich mitbestimmt werden, lassen sich doch Schwerpunkte erkennen.

1. und 2. Schuljahr

a) Wie Tiere leben, darunter Reiten auf dem Pferd, Zootiere, Leben der Urwaldtiere, Leben des Hamsters unter der Erde, Tierleben im Wasser.
b) Wie etwas hergestellt wird und/oder funktioniert, darunter Auto, Fernseher, Ei-

senbahn, Straßenbahn, Ampelanlage, wie kommt das Bild in den Fernseher, Versuche mit Magneten, Glasherstellung, Papierherstellung, Erdölgewinnung.

c) Wie Menschen leben und arbeiten, darunter Feuerwehr, Arbeiten im Hotel, in der Autoreparaturwerkstatt, in der Ziegelei, Wartung von Flugzeugen, Schleusen von Schiffen. Wie leben die Menschen in der Wüste, Kinder in anderen Ländern?

d) Kinder im Straßenverkehr, besonders: Fahren mit dem Fahrrad.

e) Wie Kinder spielen.

f) Weltraum, Weltraumfahrt, Sterne, Planeten.

3. und 4. Schuljahr

a) Aus dem Leben verschiedener Tiere, darunter Haustiere, Zootiere, Meerestiere, wie sich Tiere verhalten und bewegen, was sie fressen, wie sie hausen, wie sie sich vermehren, die richtige Haltung und Pflege von Haustieren.

b) Frühere Zeiten, darunter Entstehung und Abkühlung der Erde, Vulkane, Entwicklungsgeschichte der Menschen, wie die Menschen in der Steinzeit lebten, Dinosaurier, Bau der Pyramiden, Ausgrabungen, unsere Vorfahren, Kriege.

c) Weltall und Raumfahrt, darunter Entstehung des Weltalls, Sonne, Mond und Planeten, Weltraumforschung, Raumschiffe und Raketen.

d) Arbeit und Technik, darunter der Bau von Autos und Flugzeugen, von Eisenbahnen, Häusern und Kanälen, Gewinnung von Erdöl, Herstellung verschiedener Fertigwaren wie Papier, Glas, Glühlampen, Blech, Möbelstücke, Tonwaren, Magneten.

e) Fremde Länder, Besonderheiten im Leben der Menschen in anderen Ländern.

f) Geburt und Pflege eines Kindes.

g) Erste Hilfe bei Vergiftungen und leichten Unfällen.

Das oben genannte Ergebnis erhebt keinen Anspruch auf Vollständigkeit. Es kam zustande, indem Grundschüler gebeten wurden, ihre Wünsche in freier Form zu äußern, ohne instrumentelle Vorgaben beachten zu müssen. Bei aller Fragwürdigkeit bezüglich des Verfahrens überrascht die Beibehaltung des Schwerpunktes »Tiere«. Während der gesamten Grundschulzeit rangiert dieser Schwerpunkt an erster Stelle. Auch der »Herstellungsprozeß« sowie das »Weltall« behalten für Grundschüler über 4 Jahre ihre Bedeutung bei zunehmender Präzisierung zu der Fragestellung. Die im 1. und 2. Schuljahr relevanten Schwerpunkte »Straßenverkehr« und »Spielen« werden im 3. und 4. Schuljahr nur noch selten genannt, sie wurden deshalb in der Auflistung vernachlässigt. Statt dessen treten »frühere Zeiten«, »Geburt und Pflege eines Kindes« und »Erste Hilfe« als neue Schwerpunkte hinzu. Es wurden von Grundschülern auch andere Themen genannt, die Häufigkeit war jedoch so geringfügig, daß sie nicht mit aufgelistet worden sind.

5. Fähigkeiten / Fertigkeiten

Verantwortliches Handeln hängt ab von Fähigkeiten und Fertigkeiten. Fähigkeiten und Fertigkeiten sind sowohl Voraussetzung für jegliches Tun als auch Ergebnis durchgeführter Aktivitäten. Insofern lassen sich Fähigkeiten weiterentwickeln und Fertigkeiten einüben und vervollkommnen.

Unterscheiden wir Fähigkeiten zur begrifflichen und sprachlichen Klärung, muß uns das Zusammenspiel verschiedener Fähigkeiten bewußt bleiben als Voraussetzung für Handeln-Können. Wir sprechen beispielsweise von: Unterscheidungs-, Gliederungs-, Erkenntnis-, Urteils-, Entscheidungs-, Verantwortungs-, Leistungs- und Lernfähigkeit.

Beziehen wir menschliche Fähigkeiten stärker auf die Inhalte, auf die sie sich richten, läßt sich etwa differenzieren in: Beobachtungs-, Wahrnehmungs-, Gestaltungs-, Konstruktions-, Interpretations-, Bewegungs- und Kombinationsfähigkeit.

Im schulischen Alltag sind Lern- und Leistungsfähigkeit von besonderer Relevanz, ebenso Sprach-, Merk-, Denk-, Bewegungs-, Gestaltungs-, Konzentrations- und Kooperationsfähigkeit. Augenfälliger ist häufig die Bereitschaft der Kinder, ihre Fähigkeiten im Unterrichtsverlauf einzusetzen und angemessen zu nutzen. Gesprächsbereitschaft fällt z.B. eher auf als begrenzte Möglichkeiten des Verstehens und Sich-Äußerns. Die Bereitschaft zu berichten bzw. zu erzählen wird in der Regel eher wahrgenommen als gute Artikulation, grammatikalische Richtigkeit oder Sprachfehler.

Fast immer wird bemerkt, wenn ein Kind etwas vergißt. Es bedarf schon konsequenter Beobachtung,

- um festzustellen, ob ein Kind imstande ist, wenig oder viel über eine kurze oder lange Zeit behalten zu können
- um die *Merkfähigkeit* nach Schnelligkeit, Dauer, Sicherheit und Umfang zu unterscheiden
- um herauszufinden, wofür das Gedächtnis eines Kindes gut oder weniger gut ist, ob es besser Einzelheiten oder größere Zusammenhänge zu behalten vermag

Bei der Beobachtung der *Denkfähigkeit* bzw. des Denkvermögens geht es weniger um Denkmodelle wie z.B. das kausale (Ursache – Wirkung), finale (Zweck – Mittel) oder das konsekutive Denkmodell (Grund – Folge) als vielmehr darum, auf welcher Denkstufe sich ein Kind befindet.

- Kann es Sachverhalte und Informationen aufnehmen und richtig wiedergeben
- kann es sachliche Zusammenhänge schnell, richtig und selbständig erfassen
- ist es imstande, seine Kenntnisse in größere Zusammenhänge einzuordnen
- erkennt es Regeln und vermag sie in vergleichbaren Situationen anzuwenden,

so sind das Hinweise auf reproduktives Denken

Schnelles, richtiges und selbständiges Erfassen von logischen Zusammenhängen verbunden mit Klarheit, Straffheit und Zielbestimmtheit der Gedankenführung deuten auf die Fähigkeit, produktiv denken zu können. Solche Kinder sind imstande oder beginnen doch damit, ihr Wissen selbständig zu übertragen und zeigen konstruktives Denken sowie Kreativität.

Die Fähigkeit zu richtigem Schließen und Urteilen kann als weitere Stufe angesehen werden. Die eigene Meinung überlegend und prüfend begründen sowie verschiedene Meinungen abwägen können ist Voraussetzung für sachliches Urteilen.

Der Grad der *Bewegungsfähigkeit* (bezogen auf die schulische Arbeit) läßt sich durch Verhaltensbeobachtung weitgehend feststellen. Der Grad der Bewegungsfähigkeit zeigt sich im Körpergeschick und wirkt sich auf die motorische Entwicklung aus. Kinder erleben sich manchmal selbst als »ungeschickt«, und das nicht nur im Sportunterricht. Sind die Elemente des motorischen Regelkreises – Reizaufnahme – kognitive Entschlüsselung – motorisches Verhalten – unzureichend entwickelt, können Bewegungsabläufe nur schwierig bzw. gar nicht nachvollzogen werden. Akustische, optische, taktile und kinästhetische Sinneseindrücke bewußt machen, ist Vorstufe eines harmonischen Bewegungsablaufes und fördert die Entwicklung des Raum-Zeit-Körperbewußtseins sowie des Raum-Lage-Richtungsempfindens. Verschiedene Bewegungsabläufe koordinieren können, z.B. Auge-Hand als Voraussetzung für Schreibenlernen, ermöglicht bzw. erleichtert das Lernen.

Gestaltungsfähigkeit eines Kindes läßt sich nicht nur beim bildnerischen Gestalten beobachten, sondern überall dort, wo etwas hergestellt wird und zweckentsprechend sowie ansprechend gestaltet werden kann.

Sehen wir Differenziertheit in der Darstellung, sinnvolle Raumaufteilung, Kreativität und Handgeschicklichkeit (Feinmotorik) als mögliche Indikatoren, so ist deutlich, daß Gestaltungsfähigkeit z.B. auch beim Textilen Gestalten, Werken, im Sachunterricht und in den Bereichen Sprache, Schrift und Form und Spiel beobachtet werden kann. Die Auffassungen, ob etwas themenbezogen ansprechend dargestellt wurde, sind sehr unterschiedlich, deshalb sollten wir uns bewußt sein, daß Beobachtungsergebnisse in starkem Maße subjektiv beeinflußt sein können. Das gilt für die Blattaufteilung genauso wie für die Ordnung dargestellter Gegenstände in der Fläche oder die Gesamtgestaltung (Zusammenhang) des Blattes. Unsere Vorstellung über Zusammenpassung beispielsweise bei flächengestaltenden Verfahren im TG muß nicht der des beobachteten Kindes entsprechen. Kinder müssen nicht die gleichen Gegenstandsmerkmale als charakteristisch ansehen wie Erwachsene. Eine gestalterische Aufgabe im räumlich-funktionalen Bauen löst ein Kind u.U. völlig anders als ein Erwachsener, weil jeweils anderes für wesentlich und bedeutsam erachtet wird.

Wollen wir die Gestaltungsfähigkeit bei Kindern beobachten, dürfen wir uns als Lehrkraft nicht in die Rolle eines Choreographen versetzen oder hineindenken.

Konzentrationsfähigkeit vgl. Kapitel IV, 2.3
Kooperationsfähigkeit vgl. Kapitel IV, 6.

Fertigkeiten sind Fähigkeiten zugeordnet.
Beobachtungsfähigkeit setzt voraus, daß unser Sinnesapparat intakt ist und entsprechend trainiert wurde.

Gestaltungsfähigkeit setzt Materialkenntnis voraus, dazu entsprechende Werkzeuge kennengelernt, untersucht und verglichen zu haben, sowie diese anwenden zu können. Zum Interpretieren gehört die Fertigkeit, aus Symbolen (Schrift, Zahl, Noten, Zeichen ...) Sinn entnehmen zu können.

Sinnvolles Lesen setzt neben Lesetechnik auch ein bestimmtes Können an Aussprache, Artikulation, Intonation usw. voraus. Insofern kann man Fertigkeiten als aufgabenunabhängiges Können bezeichnen.

Die Beherrschung von Fertigkeiten erfordert kontinuierliche Wiederholung und ständige Übung. Wiederholen und Üben von Fertigkeiten machen für Schüler dann Sinn, wenn sie einer Aufgabe zugeordnet sind, wenn die Aufgabe die Anwendung bestimmter Fertigkeiten geradezu herausfordert. Dann läßt sich Kindern auch einsichtig machen, daß die Beherrschung von Fertigkeiten hilft, ihre Fähigkeiten weiterzuentwickeln. Die Beherrschung von Fertigkeiten gibt Kindern zudem Sicherheit, sowohl im Umgang mit technischen Mitteln als auch bei der Lösung von Aufgaben aus dem kognitiven Bereich. Der gekonnte Umgang mit technischen Mitteln ist eine Voraussetzung für die Lösung von Aufgaben aus dem kognitiven Bereich.

Schreiben können (als Fertigkeit) ist auch abhängig von der Kenntnis des Materials, auf das geschrieben werden soll, und der Schreibwerkzeuge, mit denen geschrieben werden kann. Zweckmäßig anwenden und ökonomisch einsetzen kann ich Material und Werkzeug erst, nachdem ich untersucht und verglichen habe (Funktionstüchtigkeit), Haltung und Handhabung der Schreibwerkzeuge trainiert habe, um einem beabsichtigten Ergebnis ein entsprechendes Verfahren zuordnen zu können.

Die Beherrschung bestimmter Fertigkeiten wird zu oft als gekonnt oder zumindest bekannt vorausgesetzt.

Messen z.B. kann doch jeder! Kennen wirklich alle Kinder ein Bandmaß, einen Zollstock, und sind sie imstande, damit zu messen? Ist eine Wasserwaage auch ein Meßinstrument? Wie ist ein Lineal richtig anzulegen beim Messen, Unterstreichen, Konstruieren? Was läßt sich eigentlich alles mit einem Geo-Dreieck messen, und wie geht man funktionsgerecht damit um?

Etwas Halten-Können: ist das überhaupt eine Fertigkeit oder hat man das selbstverständlich zu können? Schon beim Anfassen bzw. Zugreifen kann es erste Schwierigkeiten geben. Material, Gewicht, Größe, u.U. auch Wert eines Gegenstandes erfordern eine bestimmte Weise des Zugreifens. Vorsichtig, mit spitzen Fingern, oder besser nur mit zwei Fingern, aber mit welchen zweckmäßigerweise, im Pfötchengriff vielleicht oder doch mit der ganzen Hand zugreifen, muß ich die zweite Hand zuhilfe nehmen, mit dem Arm, dem Knie ... unterstützen? Wie sollte ich ein Buch am Tisch bzw. im Sitzkreis halten, wie den Bleistift, den Füller, das Lineal usw.? Es gibt Situationen, bei denen ich zum Halten Hilfsmittel benötige: Pinzette oder Zange, Schraubenzwinge oder Schraubstock z.B. erfordern jeweils andere Fertigkeiten.

Materialien (im weitesten Sinne) bemalen, anstreichen, bedrucken, bekleben, kaschieren erfordert entsprechende Fertigkeiten. Es gehört zum schulischen Alltag, daß Kinder Gegenstände miteinander verbinden sollen oder gar müssen. Solche Verbindungen sollen entweder vorübergehend halten, also wieder lösbar sein, oder dauerhaft, d.h. bedingt lösbar bzw. nicht lösbar sein. Büroklammern helfen, einige Blätter vorübergehend zusammenzuhalten; diese Blätter zu heften, ist schon eine andere Technik, sie in eine Mappe einzuordnen, erfordert noch andere Fertigkeiten. Wenn Arbeitsblätter mit Hilfe von Magneten an der Magnettafel, mit Reißzwecken an der Pinnwand oder mit Tesafilm im Schaukasten befestigt werden, wird ebenfalls eine lösbare Verbindung hergestellt, die bestimmte Fertigkeiten erfordert.

Bedingt lösbare bzw. nicht lösbare Verbindungen, in der GS insbesondere Kleben, erfordern wieder andere Fertigkeiten. Bindfaden und Draht eignen sich zum Zusammenbinden (Schleife binden, knoten, zusammendrehen). Der Umgang mit Schere und Messer, um durch Schneiden die Form eines Gegenstandes zu verändern, setzt entsprechende Fertigkeiten voraus. Verfahrenstechniken anwenden wie z.B. Gießen, Pressen, Ziehen, Kneten, Falten, Reißen, Flechten, Weben, Stricken, Häkeln erfordert wiederum adäquate Fertigkeiten, die nicht als bekannt vorausgesetzt werden sollten.

6. Soziales Verhalten

Die Beobachtung des sozialen Verhaltens ist ein wichtiger Aspekt der Schülerbeobachtung. Aufgrund der Augenfälligkeit ist hier in besonderem Maße die Gefahr gegeben, daß Beobachtungsergebnisse stärker als in anderen Bereichen durch die subjektive Meinung der Lehrkraft bestimmt werden. Soziale Kontakte lassen sich zu einzelnen knüpfen, entwickeln sich aber auch innerhalb einer Gruppe oder der Klassengemeinschaft, so daß sowohl Einzelkindbeobachtung als auch Gruppenbeobachtung berechtigt sind. Grundstimmung bzw. die jeweilige Stimmungslage beeinflussen jedes Miteinander ebenso wie Umgangsformen.

6.1 Sozialkontakt zu einzelnen

Kontaktbereitschaft setzt ein gewisses Maß an Selbstsicherheit voraus. Wer gehemmt, ängstlich und unsicher ist, findet schwerer Kontakte als jener, der sich aufgrund seiner Sicherheit frei bewegen kann. Der eine möchte am liebsten gar nicht dabeisein, ist scheu, manchmal verschlossen, zieht sich gerne zurück, schaut zur Seite, wenn er angesprochen wird, geht nur ungern auf den Schulhof, versteckt sich gar und hat nur zu wenigen ganz bestimmten Kindern Kontakt. Dafür klammert er sich manchmal geradezu an die Lehrkraft, eher schutzsuchend als anhänglich, oder es gelingt auch hier keine Kontaktaufnahme. Eigentlich weiß er nicht, was er will, kann sich folglich auch nicht entscheiden, fügt sich kritiklos ein, um nicht aufzufallen, traut sich nichts zu, obwohl er sich gern in eine »Superrolle« hineinträumt. Diese Grundstimmung löst nicht selten auffällige Verhaltensweisen aus.

Der andere redet und spielt mit vielen Kindern, es müssen nicht immer dieselben sein, wenngleich er schon seine besonderen Freunde hat. Er bewegt sich ungewungen, ist meistens freundlich, z.T. zutraulich, sagt klar und deutlich, was er möchte, traut sich etwas zu und wagt sich vor, weiß sich, wenn es erforderlich ist, zu verteidigen. Die Kontaktaufnahme zu Mitschülern oder zur Lehrkraft fällt nicht schwer.

Zwei Pole, zugegeben, zwischen denen es diverse Abstufungen gibt. Die Aufmerksamkeit soll darauf gelenkt werden, und unter welchen Voraussetzungen ein Kind *Kontakt zu* anderen *Einzelpersonen* aufnimmt. Zu unterscheiden ist dabei auch, ob Kontakt zu Erwachsenen (gewissermaßen Übergeordneten), zu Mitschülern oder etwa gleichaltrigen Fremden aufgenommen wird.

Bei der Kontaktaufnahme zu Erwachsenen, hier insbesondere Lehrkräfte, Schulsekretärin, Hausmeister, gibt es anhängliche »gehorsame« Kinder, die sich dankbar einfügen, neben widerwillig Trotzigen, die unwillig und widerstrebend Notwendiges nur auf eindeutige Weisung tun, d.h., der Kontakt ist nichts anderes als eine Reaktion. Sich anbiedernde Schöntuer gibt es ebenso wie Kritische, die aufgrund eigener Einsicht Kontakt aufnehmen. Die dabei gezeigten Umgangsformen fallen uns im Umgang mit Erwachsenen besonders auf:

Gute Umgangsformen, die zugleich ehrlich sind, lassen uns manchmal erstaunen. Ungehobelte Rüpel können schon verärgern. Korrekte Formalisten sind uns weniger angenehm als jene, die uns zwar rauh, jedoch herzlich entgegentreten. Fallen sie hin und wieder aus der Rolle, kann man ihnen nicht böse sein.

Kinder, die schnell Kontakt zu Gleichaltrigen finden, arbeiten in aller Regel auch gut mit anderen zusammen. Sie bedenken einerseits die Auswirkung ihres Verhaltens auf den anderen, wie sie andererseits die Eigenständigkeit des anderen respektieren. Es ist interessant und aufschlußreich zu beobachten, wie sich Kinder einander zuwenden. Der eine aktiv, suchend, manchmal fordernd, der andere eher passiv, aber bereit entgegenzunehmen, ein dritter kapselt sich verschlossen ab und weist Annäherung zurück.

Kinder werden auf verschiedene Weise, meist aus der jeweiligen Situation heraus, initiativ. Zum Beispiel: Sie fragen, äußern Wünsche, bitten um Hilfe, bieten Hilfe an, helfen mit Dingen aus oder wollen sich einfach nur mitteilen.

Sie gehen auf andere ein, weil sie sich in sie hineinzuversetzen vermögen, zeigen Verständnis, ggf. auch Mitgefühl, ermuntern und ermutigen, trösten und sind bereit zu helfen, Probleme anderer zu lösen. Sie versuchen auszugleichen, zu vermitteln und können sich mit anderen freuen.

Sie versuchen sich rücksichtslos Freiraum zu schaffen, sind nur bereit, mit wenigen ganz bestimmten Kindern zu kooperieren, entweder bestimmend oder gar nicht. Sich selbst isolierend verfallen sie entweder in Passivität (Null-Bock) oder machen unkontrolliert negativ auf sich aufmerksam.

Die zuletzt beschriebene Kindergruppe ist in den meisten Fällen auch gemeinschaftsschwierig. Richtiges *Verhalten in der Gemeinschaft* muß heute für viele Kinder überhaupt erst erlebt und erfahren werden. (Auf veränderte Kindheit wird hier nicht eingegangen, sondern nur verwiesen.)

Wie Kontaktbereitschaft ein gewisses Maß an Selbstsicherheit voraussetzt, erfordert richtiges Verhalten in der Gemeinschaft Selbstkontrolle. Kann sich ein Kind hinreichend beherrschen, um in einer Gruppe zurechtzukommen, oder kommt es in der Gruppe nicht zurecht, weil es unbeherrscht nur eigene Wünsche und Interessen verfolgt?

Wie weit ist die Fähigkeit zu notwendiger Einordnung entwickelt? Kann ein Kind warten, bis es an die Reihe kommt, läßt es andere ausreden, ist es bereit und in der Lage, Spielregeln einzuhalten und Vereinbarungen zu achten?

Muß ein Kind ständig im Mittelpunkt stehen, ständig reden, unkontrolliert in die Klasse rufen, sich ständig vordrängeln, meckern, stören und sich albern benehmen, um auf sich aufmerksam zu machen, auf Ermahnungen trotzig reagieren und einschnappen?

Wie verhält sich ein Kind bei Konflikten?

Kommt es gut mit anderen aus, kann es vermitteln und ausgleichen, ist es ggf. um Wiedergutmachung bemüht, versucht es, Konflikte grundsätzlich auf gutem Wege beizulegen?

Ist es ein unbeliebter Stänkerer, streitsüchtig, schlägt es schnell zu, ärgert es gern andere, ist es neidisch, mißgünstig oder ein verschlossener Eigenbrötler?

Ist es in Konfliktsituationen hilflos und bedarf zur Lösung der Unterstützung Erwachsener?

6.2 Verhalten in der Gemeinschaft

Das Verhalten in der Gruppe oder in der Klassengemeinschaft hängt in starkem Maße von der Kooperationsfähigkeit und der Kooperationsbereitschaft eines Kindes ab. Die Kooperationsbereitschaft kann unterschiedlich ausgeprägt in verschiedenen Gruppierungen wirken. Bereitschaft zur Partnerarbeit muß nicht zugleich Bereitschaft zur Gruppenarbeit bedeuten. Das Verhalten in einer Spielgruppe kann völlig anders sein als beispielsweise bei der Gruppenarbeit im Sachunterricht oder in frei gewählten Gruppierungen außerhalb der Schule.

Innerhalb der verschiedenen Gruppierungen bei der schulischen Arbeit zeigt sich unterschiedliches soziales Verhalten sowohl bei der Partnerarbeit als auch in frei gewählten Gruppierungen oder in aufgrund sachlicher bzw. pädagogischer Überlegungen zusammengesetzten Gruppen.

Manchen Kindern fällt die Anpassung an *Gruppennormen* schwer, weil die Verhaltenserwartungen der Gruppe nicht stimmig sind mit den Bestrebungen und Verhaltensweisen des einzelnen. Die Aufgabenverteilung innerhalb der Gruppe wird problematisch und bedarf manchmal der Außensteuerung. Solche Kinder können zwar meistens in der Gruppe mitarbeiten und etwas für die Gemeinschaft tun, müssen aber dazu gedrängt werden.

Die »Braven«, die sich konfliktlos anpassen, suchen nicht selten innerhalb der Gruppe einen Schonraum, in den sie sich zurückziehen, und lassen am liebsten die anderen arbeiten. An wirklicher Integration sind sie kaum interessiert, verhalten sich passiv, warten ab und machen nach.

Die »Zugpferde« bemühen sich ständig erfolgreich, die eigenen Wünsche mit Gruppeninteressen in Einklang zu bringen. Sie sind es auch, die am Lernfortschritt der Gruppe interessiert sind und ihn fördern. Sie stellen häufig Beziehungen zu anderen her, sind bereit, anderen zu helfen und setzen sich aktiv für Anliegen anderer ein.

Das wirkt sich aus auf die *Stellung innerhalb der Klassengemeinschaft.* Kinder bewerten sich selbst und finden zu ihrer eigenen Rangordnung. Die freiwillige Übernahme und verantwortliche Durchführung von Aufgaben zeigt das ebenso wie die korrekte Wahrnehmung übernommener »Ämter«. Sozialkontakt, Sozialinitiative und kooperatives Verhalten innerhalb der Klassengemeinschaft vermögen Kinder sehr wohl einzuschätzen, auch das Verhalten gegenüber Pflichten. Sie unterscheiden zwischen ordentlich, pünktlich, zuverlässig bzw. nachlässig, vergeßlich, unzuverlässig. In der Klassengemeinschaft entfaltet sich ein Reaktionssystem, das auf Beziehungen und Urteil wirkt. Die Wechselbezüge von Geben und Nehmen können sich ebenso ändern wie die Stellung des einzelnen in der Gemeinschaft. Das kann sich durchaus auch auf das Verhalten zur Lehrkraft auswirken und zu nicht erwarteten Auffälligkeiten führen, zum Positiven, aber auch zum Negativen hin.

Kinder in ihren vielseitigen sozialen Bezügen beobachten ist unverzichtbar.

V. Wie sollte beobachtet werden?

Die vielfältigen Beobachtungsmöglichkeiten haben gemeinsam, daß sich Beobachter und zu Beobachtender in einer jeweils bestimmten Situation gegenüberstehen. Diesen Sachverhalt erkennen ist das eine, sich des Unterschieds zwischen Empfindung, Wahrnehmung und Beobachtung bewußt sein, das andere.

Es ist nicht leicht, sich beim Beobachten zunächst auf die neutrale Feststellung eines objektiven Sachverhaltes zu beschränken und Wertung sowie Beurteilung vorerst zurückzustellen: Leistbar dann, wenn ich meine persönliche Einstellung zu ... zurückstelle und Verhaltensweisen ggf. Probleme der Kinder zu erkennen suche. Was ich zu wissen meine, sollte ich ebenso zurückstellen, um offen zu bleiben für neue Eindrücke und mir nicht von vornherein den Blick zu verstellen um einer zu ergänzenden Formel willen.

Meinen hat etwas mit Schätzen, Einschätzen, Einkasteln zu tun; Verstandes- und Gefühlsmomente sind unklar vermischt. Deshalb kann Meinung einen Sachverhalt nicht objektiv wiedergeben. Mache ich mir die Gefühlsmomente bewußt, überwache sie verstandesmäßig, läßt sich die verfälschende Wirkung einschränken.

Die Tendenz, das Bild, das ich mir von einem Kind gemacht habe, in Richtung auf Vereinheitlichung zu ergänzen, ist stark. Der »erste Eindruck« beeinflußt mehr als gewollt oder gerechtfertigt. Erste Eindrücke bilden sich bei ersten Begegnungen, die oft außergewöhnlich sind, manchmal geradezu atypisch.

Die erste Begegnung einer Lehrkraft mit einer neuen Klasse z.B. kann in der Regel nicht als normale Situation auf der Beziehungsebene angesehen werden. Die Besonderheit gilt für beide Seiten und läßt sich so kennzeichnen:

Was erwartet mich?

Wie weit können wir gehen?

Erste Begegnungen sind deshalb stark affektiv besetzt, das macht erste Eindrücke, die fast immer unmittelbar empfangen werden, so dauerhaft. Sie wollen im Sinne von Bestätigung ergänzt werden. Das birgt die Gefahr von Trugschlüssen, sei es durch voreilige Verallgemeinerung aufgrund des aus der Psychologie bekannten Halo-Effektes, aus Voreingenommenheit durch Vorbeurteilung oder aus Sympathie bzw. Antipathie.

Sich dieses Sachverhaltes bewußt zu sein, hilft weitere und ggf. andere Beobachtungsergebnisse zu objektivieren.

Ein möglicherweise entstehendes widersprüchliches Bild gegenüber dem ersten

Eindruck wird nicht als zufällig abgetan, sondern als Ansatz zu einer Veränderung gesehen. Ein sich bildender anderer Eindruck bleibt sicher spannungsvoll, wirkt aber nicht mehr beunruhigend.

Die jeweilige Situation, in der oder aus der heraus beobachtet wird, sollte gleichfalls bewußt sein. Am Beispiel des allseits bekannten didaktischen Dreiecks mag deutlich werden, daß Aktion und Reaktion des Beobachters und des zu Beobachtenden unterschiedlich sein werden, je nach Schwerpunkt der unterrichtlichen Situation.

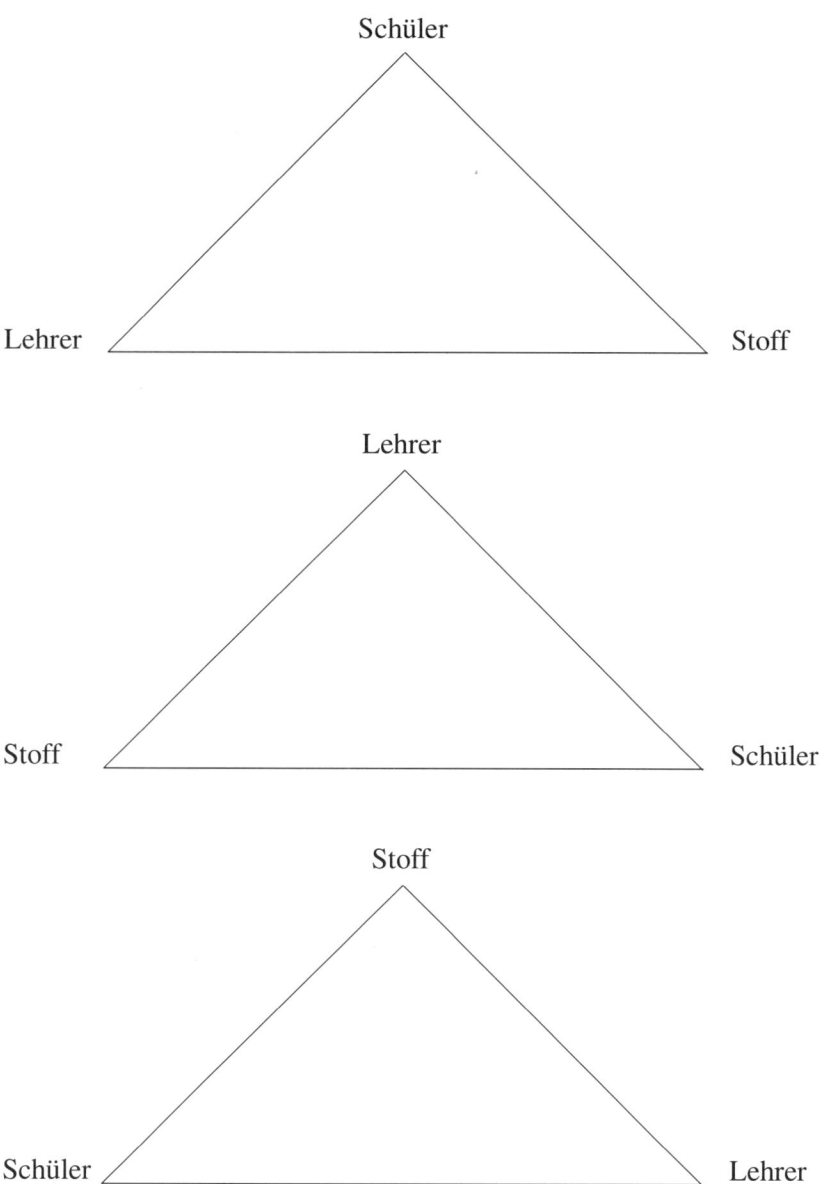

Bei allen Beobachtungen muß deutlich sein, daß Anlage und Begabung eines Kindes nicht nur gegeben, sondern zugleich auch zur Weiterentwicklung aufgegeben sind.

Beobachtungsschwerpunkt ist die gesamte Persönlichkeit des Kindes, die aber aus ihrem situativen Umfeld nicht isoliert werden kann.

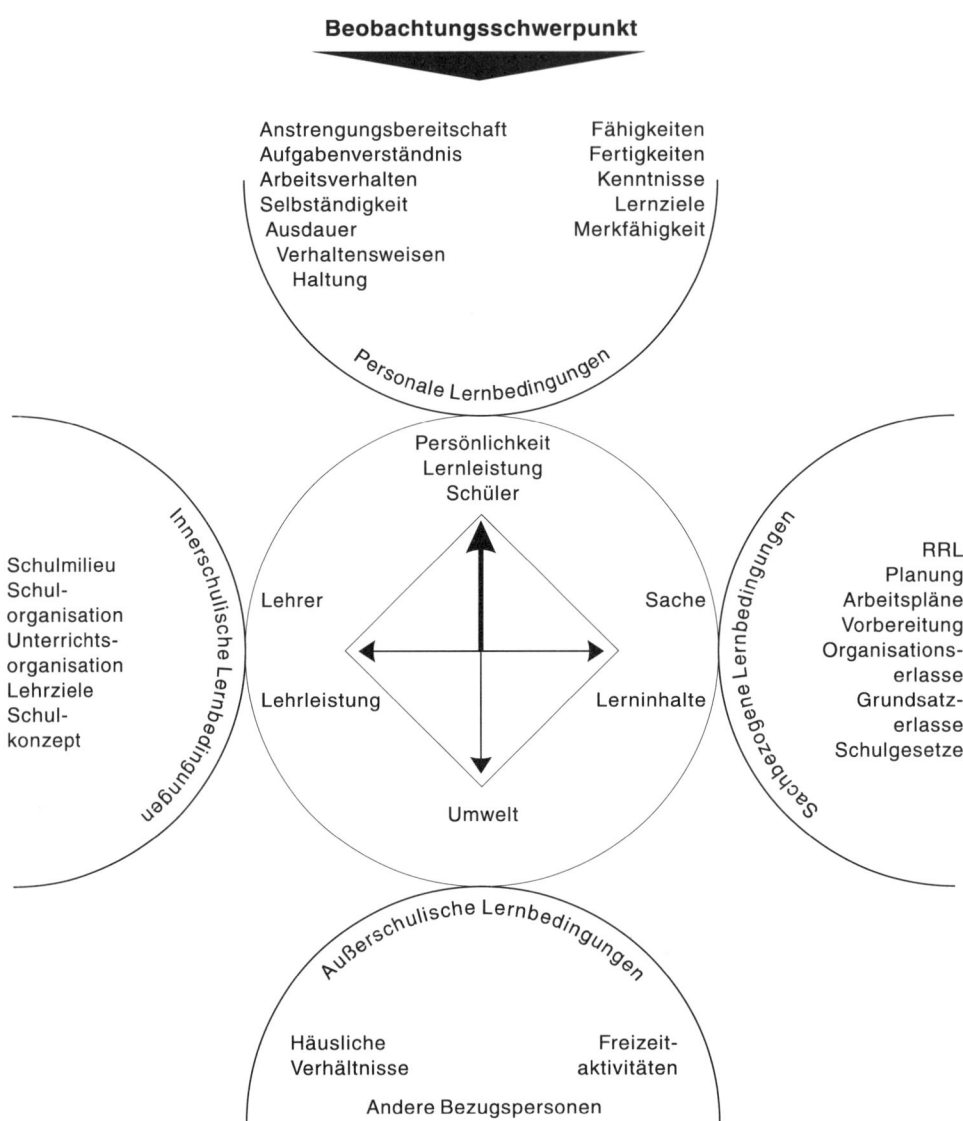

1. Sachliche Beobachtung verhindert Einseitigkeit

Da schwierige Schüler überwiegend auffällig sind nach der Seite des sozialen und sittlichen Verhaltens, fallen Normabweichungen vorwiegend beim Sozial- und Arbeitsverhalten auf. Ich sehe etwas, bemerke es auch ein zweites Mal, es kommt zu einer Häufung von Auffälligkeiten, und ich meine, damit Beobachtung aus dem Bereich des Zufälligen herausgelöst zu haben. In Wahrheit ist das Beobachtungsfeld in zweifacher Weise eingeengt. Das Kind wird überwiegend in vergleichbaren Situationen »bemerkt«. Lernverhalten und Leistungsverhalten werden in der Beobachtung vernachlässigt. Leistungsergebnisse werden doch ohnedies festgehalten (in schriftlichen Arbeiten, Tests, in irgendeiner anderen Form aufgezeichnet).

Soll *Leistungsverhalten* beschrieben und beurteilt werden, ist z.B. zu beachten: Leistungsvermögen, Leistungswille, Leistungsschwankungen, auffallende Abweichungen vom Durchschnitt – u.U. zeitlich oder fachspezifisch schwankend, ist die Leistung mehr dem Fleiß oder der Begabung zuzuschreiben, Begabungsbild, Begabungsrichtung, Sonderbegabung, Auffassung, kognitiver Entwicklungsstand, Interessen/Interessengruppen, Begriffsvorrat, Gesprächsfähigkeit, Ausdruckscharakter.

Mit *Lernverhalten* ist z.B. gemeint: Lernvermögen, Lernbereitschaft, Aufmerksamkeit, Konzentrationsfähigkeit, Gedächtnis (mechanisch, assoziativ, nach Umfang und Art, Reproduktionsvermögen), Merkfähigkeit, Beherrschung einfacher Methoden des Einprägens, lernt leicht bzw. schwer, Verhalten bei neuen Lerninhalten, Verhalten in Übungsphasen, Vorstellungsvermögen, Denken und Urteilen, geistige Regsamkeit, persönliche Besonderheiten des Lernens. (Vgl. dazu Kapitel IV, 2.)

Sachlich beobachten heißt auch:
– Zunächst rein sachliche Tatsachen feststellen (was wurde gesagt, getan, unterlassen) und diese Beobachtungsergebnisse von Interpretationen, Wertungen und subjektiven Eindrücken trennen
– wertfrei zur Kenntnis nehmen, keine vorschnelle Deutung
– längere Zeit Tatsachen, Fakten sammeln, ohne voreilig zu folgern oder zu generalisieren
– Verhaltensweisen nicht unreflektiert auf andere Situationen übertragen
– Augenblickserscheinungen müssen nichts Dauerhaftes sein (Kinder haben je nach Situation unterschiedliche, manchmal wechselnde Kompetenzen)
– negative Beobachtungen auf Zeit- und Umweltbedingtheit überprüfen
– blinde Flecke vermeiden
– Schemata dienen der Orientierung, lehren, Tatsachen zu sehen und helfen, Einzelbeobachtungen in ein Bezugssystem einzufügen (vgl. Kapitel VI)
– Sachlichkeit muß nicht zu einer Störung der Beziehungsebene führen

2. Planmäßige Beobachtung sichert verwertbare Ergebnisse

Planmäßig bedeutet zugleich gezielt beobachten; Beobachtung wird verstanden als Mittel zur Erreichung eines Zieles, d.h.:

– Beobachtungsziel festlegen
– Ziel im Auge haben und Zweck verfolgen (vgl. Kapitel III, 4.)
– beobachtbare Kategorien aufstellen
– auf bestimmte Merkmale achten
– Fächer, in denen bestimmte Kategorien gut beobachtbar sind, vorausschauend bedenken (vgl. Kapitel III., 4.)
– Einzelbeobachtung, ggf. gezielt über mehrere Tage
– einige Schüler für Zeit gezielt beobachten
– u.U. feste Beobachtungsstichtage vorsehen
– Klassenbeobachtung (Schülerverhalten im Vergleich)
– unterschiedliche Situationen schaffen und nutzen, auch außerhalb des direkten Unterrichts.

Planmäßige Beobachtung erfolgt sowohl zielgerichtet als auch weitgehend systematisch.

So lassen sich beispielsweise sorgfältig vorbereitete Beobachtungen, ggf. Erhebungen für bestimmte Bereiche außerhalb des direkten Unterrichts vorbereiten, um Verhaltensweisen von Kindern mit den im Unterricht gezeigten zu vergleichen. Sei es auf dem Schulhof, auf dem Schulweg, im Schulbus, auf dem Sportplatz, bei einem Unterrichtsgang, einer Wanderung, einem Theaterbesuch, bei einem Schullandheimaufenthalt oder ganz allgemein beim Freizeitverhalten. Dabei ist eine direkte Beobachtung nicht in allen Fällen möglich, aber auch nicht erforderlich.

(Verhalten auf dem Schulhof sieht die aufsichtsführende Lehrkraft u.U. anders als die vom Fenster aus [zufällig] beobachtende Klassenlehrerin.)

Aus gegebenem Anlaß, aufgrund der Feststellung eines »blinden Flecks« oder aufgrund der Beschwerde einer Fachlehrerin, kann eine zeitgebundene Stichprobe angezeigt sein. Zum Beispiel wird das Verhalten eines Jungen über den Zeitraum einer Woche jeweils nach der großen Pause beobachtet und dabei festgestellt:

»nicht im Klassenraum«
»steht am Fenster«
»streitet mit X«
»hockt hinter dem Lehrerpult«
»spielt am Waschbecken«
»schüttet den Ranzen einer Mitschülerin aus«

oder

»sitzt an seinem Platz«
»spitzt den Bleistift am Papierkorb«

»legt Mathe-Sachen bereit«
»unterhält sich mit seiner Nachbarin«
»wischt die Tafel«
»blättert in einem Buch«

Je nach Zielsetzung kann ich mein Bild von diesem Kind ergänzen bzw. korrigieren oder unterschiedliche Verhaltensweisen bei Fachlehrer- oder Klassenlehrereinsatz feststellen, die sowohl weiterer Überprüfung als auch des Gesprächs zwischen den Lehrkräften bedürfen.

Planmäßige Beobachtung kann sich auch auf die Beobachtung einer Gruppe oder der Klasse beziehen. Das ist immer dann angezeigt, wenn Beobachtungsergebnisse durch Vergleiche beeinflußt oder gar erst durch Vergleiche ermöglicht werden. Eine Aussage über das begriffliche Denken im Sachunterricht z.B. läßt sich nur durch Vergleichen treffen. Entweder wird mit einer Norm verglichen oder mit anderen innerhalb einer Vergleichsgruppe. Normvergleich kann aufgrund von Einzelbeobachtungen erfolgen, indem festgestellt wird, wo befindet sich das Kind auf dem Wege, das »Ziel Norm« zu erreichen? Es bedarf aber der Klarheit darüber, wie eine zu erreichende Norm zustande kam. Entspricht die Norm meiner persönlichen Einschätzung, ist sie ein (vermeintlicher) Erfahrungswert, ist sie von einer Konferenz festgelegt worden oder wird sie als Ergebnis einer informellen Absprache verstanden, ist sie durch verbindliche Vorgaben (Richtlinien, Lehrziele, Gesetze, Verordnungen) gesetzt worden oder entspricht sie gesellschaftlichen Vorstellungen? Damit ist aufgezeigt, daß Normvergleiche, besonders dann, wenn nicht Leistungsverhalten beobachtet wird, fragwürdig, u.U. sogar problematisch sein können.

Für planmäßige Beobachtung innerhalb einer Gruppe oder Klasse kann es unterschiedliche Zielsetzungen geben. (Vgl. Kapitel I, 5.)

3. Zuverlässige Beobachtung relativiert subjektive Bewertungen

Sachlichkeit und Planmäßigkeit sind Voraussetzungen für Zuverlässigkeit. Zuverlässige Beobachtungsergebnisse kommen durch direkte Kontakte zustande, bei denen zunächst wertfrei festgestellt werden sollte, was Kinder tun. Das heißt:

— Genügend Einzeltatsachen sammeln und Einzelfeststellungen treffen
— nicht voreilig von zufälligen Einzelheiten auf Charaktereigenschaften schließen
— keine vorschnellen Generalisierungen oder Be-(Ver-)urteilungen vornehmen
— Vorbeurteilungen durch andere nicht unbesehen übernehmen
— Verhaltensweisen nicht unreflektiert auf andere Situationen übertragen
— Beobachtungsergebnisse überprüfen
— Subjektivität relativieren über Beobachtung durch Dritte (Fachlehrer[in], Schulleiter[in], Beratungslehrer[in], Sozialpädagog[e]in, Schulpsychologe/in, Schularzt[ärztin], Erziehungsberechtigte)

Beobachtetes zunächst wertfrei »einfach nur« feststellen, scheint besonders schwierig zu sein.

So kann z.B. beobachtet werden, daß ein Kind ruhig auf seinem Platz sitzt und die Lehrerin anschaut; festgestellt wird (vermeintlich), daß das Kind aufmerksam zuhört. Bei einem anderen Kind wird beobachtet, daß es den Kopf auf den rechten Unterarm legt und zur Tafel schaut; festgestellt wird u.U., daß das Kind offensichtlich müde ist. Zu beobachten ist ein Kind, das mit dem Stuhl kippelt; festgestellt wird möglicherweise totale Abgelenktheit.

Solche und ähnliche vorschnelle subjektive Deutungen widersprechen ebenso zuverlässiger Beobachtung wie ein voreiliges Verdichten zu Eigenschaften. Ein Kind hat über drei Wochen regelmäßig seine Hausaufgaben erledigt. Das kann ich erfreut feststellen, aber daraus zu schließen, das Kind ist fleißig, wäre voreilig. Dazu bedarf es weiterer Einzelfeststellungen, beispielsweise bei der Stillarbeit, Gruppenarbeit oder Partnerarbeit, beim Gestalten, bei der Selbstkorrektur und im Rahmen selbständig zu erledigender Aufgaben. Ein anderes Kind kann ich nicht schon deshalb als faul abstempeln, weil es vom Nachbarn abschrieb einschließlich der von dem gemachten Fehler. Weil ein Kind heute nur drei von fünf eigentlich leichten Aufgaben schaffte, ist es nicht grundsätzlich langsam. Kann ich von einem Kind annehmen, es ist dumm, weil es keine Antwort gibt, es ist schlampig, weil es einen ungespitzten Bleistift aus der Federtasche nimmt, ist es ein unpünktlicher Mensch, weil es zu spät zum Unterricht kommt oder ist es ein Duckmäuser, weil es mir gar nicht auffällt? Erst hinreichend viele gleichartige Einzelfeststellungen rechtfertigen weitergehende Deutung. Dazu muß ich mich als Beobachter(in) fragen, was kenne ich eigentlich von den (sozialen) Zusammenhängen, in die das beobachtete Handeln eines Kindes einzuordnen ist? Welche Verhaltensweisen sollen nur dazu dienen, die Aufmerksamkeit der Lehrkraft zu erzielen und/oder deren Zuwendung einzufordern?

Beobachtungsergebnisse anderer ergänzen das von der Klassenlehrkraft Beobachtete, bestärken oder stellen in Frage, relativieren auf jeden Fall subjektive Sichtweisen. Außerschulische Beobachter werden in der Regel nur dann zugezogen, wenn Schullaufbahnentscheidungen zu treffen sind.

VI. Beobachtungsergebnisse werden durch schriftliche Fixierung auswertbar

(vgl. Kapitel III, 1.)

1. Beobachtungsergebnisse sind eine Voraussetzung für die Beurteilung

Die Beurteilung bzw. Bewertung von Kindern in der Grundschule erfolgt in der Regel in Form eines Kompromisses zwischen ökonomisch-politischer Erwartung (dazu gehört auch die Erwartung der Eltern, für die eine drei oft schon einer tadelnswerten Leistung entspricht) und pädagogischem Anspruch.

Problemschwerpunkte sind
— die Verbalbeurteilung
— die Bewertung mündlicher Leistungen
— fachspezifische Leistungsbewertung
— »objektive« oder »pädagogische« Beurteilung

Weiterhin erfolgt die Beschreibung eines Kindes in Begriffen von Eigenschaften und Verhaltensweisen. (Vgl. Kapitel VI, 3.)

Zum Beispiel: Die Feststellung »unzureichende Beteiligung am Unterricht« hat allein weder Wert noch ist sie hilfreich. Erst wenn Gründe genannt werden, klärt das für den Adressaten den Sachverhalt. Unzureichende Beteiligung aus Scheu, aus Angst, aufgrund geringer Selbststeuerungsfähigkeit, aus Mangel an Interesse für bestimmte Sachverhalte, Inhalte oder Fächer, aufgrund von Unvermögen oder nicht vorhandenen Fertigkeiten, wegen bestimmter Verhaltensschwierigkeiten, aufgrund von Orientierungslosigkeit nicht-erzogener oder zu gering entwickelter Gemeinschaftsfähigkeit?

Denken wir vom pädagogischen Auftrag her, fragen wir uns immer erneut, ist die »objektive« Beurteilung eigentlich gerecht?

Ein Beispiel: Ein Kind schreibt in einer Arbeit 21 Fehler und wird, objektiv richtig, mit – ungenügend – beurteilt. In der folgenden Arbeit schreibt dasselbe Kind 13 Fehler und wird, objektiv richtig, wiederum mit – ungenügend – beurteilt, obwohl sich ein echter Lernfortschritt vollzogen hat.

Zur genaueren individuellen Beurteilung bedarf es der Feststellung von Beobachtungsergebnissen, der Erhebung von Ermitteltem und Erfahrung in einer Zusammenschau. Eine Zusammenschau zwischen Begabung, Arbeitshaltung und Leistung ist nur aufgrund intensiver Beobachtung und der Fixierung der Ergebnisse möglich. Dabei ist deutlich zu trennen zwischen Beobachtung, Interpretation und Beurteilung.

In diesem weiten und gewiß nicht problemfreien Bereich den Wald vor Bäumen nicht sehen können, macht handlungsunfähig.

1.1 Beobachtung als Mittel zur Erreichung eines Ziels

Deshalb sollte Beobachtung als Mittel zur Erreichung eines Ziels verstanden werden. Dieses Ziel gilt es zunächst zu bestimmen. Bei Beobachtungsergebnissen läßt sich einerseits nach Ursachen und Gründen für bestimmte Verhaltensweisen und Einstellungen suchen, und andererseits läßt sich aus Beobachtungsergebnissen folgern. Wenngleich unterschiedliche Zielperspektiven, sind sie letztlich doch miteinander verbunden.

Geht es um Analyse, werden Notizen, Bemerkungen, Beschreibungen anders zu formulieren sein als bei Konsequenzen, die aus Beobachtungsergebnissen gezogen werden.

Heißt das Ziel Vergleich mit einer Norm, so geht es darum festzustellen, wo befindet sich das Kind auf dem Weg zur gesetzten Norm durch Richtlinienvorgabe oder Lernziele, durch Durchschnittswerte aus Vergleichsgruppen oder in bezug auf Disziplin und Verhalten.

Ist Prognose das Ziel, bedarf es beobachtbarer Kategorien bzw. Kriterien, um Entwicklungstendenzen bezüglich der Schullaufbahn aufzuzeigen. Kategorien bzw. Kriterien sind vorgegeben bei Versetzung und Wiederholung einer Klasse; sie sind bedingt vorgegeben beim freiwilligen Zurücktreten, beim Springen, beim Übergang in andere Schulen bzw. andere Schulformen sowie bei der Überprüfung auf Sonderschulbedürftigkeit. Bei der Feststellung der Schulfähigkeit sollten neben der bedingten Vorgabe Vorschläge aus der Literatur herangezogen werden.

Da Leistungen und Einstellungen schwer vorhersehbaren Veränderungen unterliegen, sollte für Entwicklungsvorhersagen besonders sorgfältig beobachtet werden.

Im weiteren Sinne fallen auch gutachterliche Stellungnahmen unter diese Zielsetzung, sofern ich sie pädagogisch kommentiere. Gutachten erfüllen eine begrenzte Aufgabe; sie sind in der Regel Kurzgutachten, in denen Beobachtungsergebnisse verdichtet dargestellt werden. Beschreibungen sollen auf den Zweck konzentriert sein, sie müssen nicht unbedingt darauf beschränkt bleiben. Diagnose ist ein ganzer Zielbereich, der um der Übersichtlichkeit willen unterteilt wird in gezielte Lernberatung und Unterrichtssteuerung.

Zusammengefaßt geht es darum, anhand und aufgrund von Beobachtungsergebnissen für jedes Kind geeignete Maßnahmen zu angemessener Förderung zu finden.

Gezielte Lernberatung ist gerichtet auf das Kind und auf die Eltern. Kindern soll ihr eigenes Verhalten bewußt werden, damit sie sich selbst erkennen (Identitätsfindung) und so Hilfe zur Selbsterziehung finden können. Sie sollen ihr eigenes Bemühen, Ziele (Normen) zu erreichen, einschätzen lernen und so an Verantwortung für eigenes Lernen herangeführt werden. Die Kultur des Zuhörens und gegenseitigen Verstehens gemeinsam entwickeln ist eine Voraussetzung dafür.

Eltern sind in aller Regel an längerfristig wirkenden Entscheidungen der Schule (zumeist Schullaufbahnvorhersagen) vital interessiert, allerdings mehr prognostisch als im Vergleich mit einer Norm. Genau hier ist der Ansatzpunkt für gezielte Lernberatung, die über Berichts- und Bewertungspflicht hinausgeht. Zwei Schwerpunkte sind zu beachten, der Lernfortschritt in den Fächern ist konkret aufzuzeigen und am jeweiligen Ziel des Faches oder Lehrganges zu messen, und die Eltern sind anzuhalten, mögliche Schwierigkeiten im affektiven oder sozialen Bereich durch häusliche Maßnahmen mitzutragen und sie so überwinden zu helfen. Gezielte Beratung ist nur aufgrund solider Beobachtungsergebnisse möglich.

Schülerbeobachtung und deren Ergebnisse wirken auf die Lehrkraft zurück und helfen, den Unterricht zu steuern. Beobachtungsergebnisse schriftlich fixieren klärt die Rückmeldefunktion, die so, aber auch anders eintritt, inhaltlich, sachbezogen und im weitesten Sinne pädagogisch. Eine solche Klärung öffnet z.B. den Blick dafür, ob und wie sich Schülerverhalten auf die Unterrichtsmethode auswirkt oder umgekehrt, wie gewählte Methoden bestimmtes Schülerverhalten bedingen oder herausfordern. Klärung fördert auch die Bereitschaft, die eigene Arbeit ggf. zu korrigieren und eine Veränderung im Lehrerverhalten herbeizuführen.

Klärung ermuntert zugleich, Planung und Durchführung von Unterricht für die jeweils betroffene Lerngruppe optimieren zu wollen. Optimierung bezieht sich insbesondere auf

— Unterrichtsgestaltung und -organisation
— gewählte bzw. zu wählende Arbeitsverfahren
— Möglichkeiten handelnden Umgangs
— Planung entdeckenden Lernens
— Bereitstellung entsprechender Arbeitsmittel
— notwendige und zweckmäßige Differenzierungsverfahren
— Form und Umfang der Hausaufgabenstellung
— gezielte Schulung unzureichender Fertigkeiten
— die Ermittlung von Förderbedarf
— die Zuweisung zu Fördermaßnahmen
— erforderliche Übung und angemessene Übungsformen
  (bezogen auf Sache und Person)
— offene Unterrichtsformen, wie Morgenkreis, freie Arbeit, Wochenplan,
  Klassenraumgestaltung, projektähnlicher Unterricht, Projekte

Je mehr Schule (Unterricht) sich öffnet, um so bedeutsamer werden Beobachtungsergebnisse; denn Öffnung des Unterrichts, individualisierende Schule erfordern konsequente Beobachtung.

Freie Arbeit z.B. in Förderkonzepte einzubeziehen, um Fördern als Prinzip für alle Schüler zu ermöglichen, ist nur aufgrund konsequenter Beobachtung und pädagogischer Auswertung der Beobachtungsergebnisse möglich.

Schriftlich fixierte Beobachtungsergebnisse begründen auch die Einleitung besonderer Maßnahmen außerhalb des regulären Unterrichts aufgrund gravierender Ausfälle im kognitiven, affektiven oder sozialen Bereich.

2. Niederschriften lassen sich ordnen

(1) *Qualitative Ordnung* in Form von Zahl und Zensur: Die Vorgaben der jeweiligen Zeugnisbestimmungen und die Aussagen über Lernkontrollen in den einschlägigen Erlassen sind zu beachten. Zwangsläufig verkürzende Formulierungen der Erlaßsprache sollen nicht von der pädagogisch begründbaren Aufgabe bei Beurteilung und Leistungsmessung ablenken. Jede Beurteilung bleibt unbefriedigend und ist angreifbar, die nicht auf intensive, regelmäßige und teilnehmende Beobachtung gründet. Nur über Beobachtungsergebnisse läßt sich objektive (Messen an einer zu erfüllenden Norm) *und* subjektive Leistung berücksichtigen, die Begabung, Fähigkeit und Anstrengungsbereitschaft einbezieht.

(2) Sofern keine Vorgaben zu beachten sind (vgl. Kapitel II, 2.), bleibt es freigestellt, wie Beobachtungsergebnisse und Erkenntnisse *quantitativ* festgehalten werden. Ob die freie Schülerbeschreibung, die Eintragung in Schülerbögen oder die Eintragung in graphische Schemata gewählt wird, kann im Einzelfall nach Neigung, Vermögen, Zweckmäßigkeit entschieden werden. Ob vorbereitende Eintragungen in ein Beobachtungsheft oder ein pädagogisches Tagebuch geschrieben, auf Karteikarten festgehalten bzw. in Fragebögen, die die Beantwortung gezielter Fragen in offener Form ermöglichen, notiert werden, ist sekundär. Bei der Frage, ob fortlaufend oder von vornherein nach Zielfragen geordnet eingetragen wird, muß bewußt sein, daß Eintragungen nach Zielfragen geordnet einerseits die freie Beschreibung einengt, andererseits die Arbeit vereinheitlicht und rationalisiert sowie mögliche Defizite aufzeigt.

Bei weitgehender Offenheit in formaler Hinsicht ist grundsätzlich zu bedenken:

In kurzen Niederschriften gesammelte Beobachtungsergebnisse und Erkenntnisse sind von Zeit zu Zeit zu ordnen und zu einer kontinuierlichen Beschreibung des Kindes zusammenzufassen. Dabei kritisch fragen bzw. hinterfragen, was kommt eigentlich immer wieder vor, was selten oder überhaupt nicht, gibt es bestimmte Umstände, die verhaltensrelevant wirken, welche Bedeutung haben Erkenntnisse für Kind bzw. Lehrkraft, gibt es Auswirkungen auf bestimmte Tätigkeiten, dient es der Klärung und hilft, blinde Flecke zu vermeiden? Es geht nicht allein um Aufzählung und Feststellung von Beobachtungen, sondern um Zusammenschau von Beobachtetem unter dem Gesichtspunkt der Ganzheitlichkeit unter Einbezug von Situation und Umwelt. Zu einer Zusammenschau gehört sicher auch eine Aussage darüber, inwieweit grundlegende Lehrziele erreicht worden sind.

Daß der Adressatenbezug derartiger Niederschriften eindeutig ist, erleichtert die Arbeit. Ergebnisse der Schülerbeobachtung sind für den internen Gebrauch in der Schule bestimmt. Eintragungen sollten mit Datum und Unterschrift versehen werden;

Beobachtungen bzw. Erkenntnisse der Fachlehrer(innen) sind gesondert zu kennzeichnen. Jeweils vor Zeugniserteilung sind dieserart Berichte abzuschließen. Dem besseren Kennenlernen der Kinder dient es, wenn die Beobachtungsergebnisse ergänzt werden durch eine Sammelmappe mit Schülerarbeiten.

Für die Beobachtung und für die Leistungsmessung sowie für die Beurteilung gibt es viele Verfahrensvorschläge und eine Vielzahl von Instrumentarien. Hier sollen nur einige Kriterienlisten beispielhaft als Anregung und zur variierenden Nachahmung zur Kenntnis gegeben werden. Die Auswahl wurde willkürlich getroffen, allerdings unter dem Gesichtspunkt, keine hochdifferenzierten Beispiele aus dem Bereich der Forschung vorzustellen.

Kriterien zur Feststellung der Schulfähigkeit

1. Gruppenfähigkeit	Kontaktfähigkeit
	Kooperationsfähigkeit
	Konfliktverhalten
	Regelbewußtsein
2. Emotionale Stabilität	emotionale Gestimmtheit
	Umgang mit der eigenen Angst
	Bedürfnisaufschub
	aktueller Triebverzicht
3. Arbeitsverhalten	Selbständigkeit
	Ausdauer
	Arbeitsgenauigkeit
	Konzentrationsfähigkeit
	Lernbereitschaft
	Kreativität
	Zeitperspektive
	Aufgabenverständnis
	Merkfähigkeit
	Verknüpfungs-/Denkfähigkeit
	Spiel- und Lernverhalten
	Artikulations- u. Sprechfähigkeit
	Lesevoraussetzungen u. -vorkenntnisse
	Symbolverständnis
	Formwahrnehmung
	Zahlenverständnis
	Mengenauffassung

Sozial-emotionale Schulfähigkeit — Kognitive Schulfähigkeit

Beobachtungsbogen zur Feststellung von Voraussetzungen für die Teilnahme an der Lehrgangsarbeit im 1. Schuljahr

Merkfähigkeit

Merkt sich Regeln, Spielregeln
Behält kleine Aufträge
Spielt Memory, Gedächtnislotto etc.
Erinnert sich an Abmachungen
Erinnert sich an Ereignisse, Ausflüge
Behält Texte von Liedern
Behält Inhalt von Geschichten
Kann kleine Verse auswendig sprechen
Behält Namen von Kindern, Lehrern
Behält Bedeutung von Symbolen

Konzentrationsvermögen

Beschäftigt sich längere Zeit mit einer Sache
Spielt Gruppenspiele bis zum Ende mit
Beendet Tätigkeit, ehe er etwas anderes tut
Hört Platten, Kassetten etc. bis zum Ende
Ist aufmerksam beim Vorlesen
Kann einem Gespräch kürzerer Dauer folgen
Kann einem Gespräch längerer Dauer folgen
Hört anderen Kindern beim Erzählen zu

Interesse

Sieht sich häufig Bücher an
Hat Interesse an Buchstaben
Versucht, Namen der Mitschüler zu lesen
Spielt mit »Lesespielen«
Versucht, Schriftzeichen zu entziffern
Hat Spaß am Herstellen eigener Bücher
Interessiert sich für Symbolschriften
Äußert Wunsch nach Lesenlernen

Schreibt eigenen Namen
Schreibt Kritzelbriefe
Beschriftet Bilder
Benutzt oft Stempelkasten, Schreibmaschine
Druckt Worte nach
»Schreibt« eigene Bücher

Zählt gerne
Ist ausdauernd beim Lösen von Problemen
»Rechnet« in Spielsituationen
Kennt verschiedene Formen und Zahlen
Benutzt Rechenspiele
Hat Spaß an »mathematischen Problemen«

Symbolverständnis

Kann in der Klasse vereinbarte Symbole lesen
Kann Aufträge in Symbolschrift lesen
Kennt wichtige Verkehrszeichen
Kennt Symbole wie z.B. »kein Fußball«, »keine Hunde«
Kann Geschichten in Symbolschrift lesen
Kennt Symbole für Jahreszeiten, Wetter, Tage
Erfindet selber Symbole
Verwendet Symbole in freien Spielsituationen
Schreibt Mitteilungen in Symbolschrift
Schreibt Geschichten in Symbolschrift
Versteht akustische Symbole

Sprechvermögen

Spricht viel und gerne beim Spielen
Bringt Beiträge bei Kreisgesprächen
Spricht bei Rollenspielen
Spielt Kasperle- oder Puppentheater
Spricht vorgegebene Verse oder kleine Texte nach
Spricht in normalem Sprechtempo
Artikuliert deutlich

Feinmotorischer Bereich

Kann sich allein an- und ausziehen
Kann Schleifen binden
Kann verschiedene Verschlüsse handhaben
Kann mit einfachen Werkzeugen umgehen
Malt mit verschiedenen Spurmachern
Spielt mit Lege- und Konstruktionsmaterial
Spielt Fingerspiele

Grobmotorischer Bereich

Motorische Grundfertigkeiten sind vorhanden
Bewegungssicherheit vorhanden
Besitzt Koordinationsfähigkeit

Sprachliche Fähigkeiten

Wie spricht das Kind?

undeutlich					deutlich

Wortschatz

gering					reich, differenziert

Ausdrucksfähigkeit

unbeholfen					flüssig

Sprechbereitschaft

gehemmt					mitteilungsfreudig
Sonstige Auffälligkeiten:					

Soziales Verhalten

unselbständig				selbständig
destruktiv, störend				produktiv, kooperativ
kontaktarm				kontaktfreudig
kaum integriert				gut integriert
unauffällig				Anführer in der Gruppe
Besondere Bemerkungen (auch über das Verhalten zu Fremden und in ungewöhnlichen Situationen:				

Spiel- und Lernverhalten

ohne eigene Aktivität						wird von sich aus aktiv
unselbständig						selbständig
planlos						planend
sprunghaft, leicht ablenkbar						ausdauernd, konzentriert
oberflächlich						gründlich
langsam, schleppend						zügig
Sonstige Auffälligkeiten:						

Auffassung

langsam					rasch

Merkfähigkeit

kann wenig behalten					kann viel behalten
kann nur kurze Zeit behalten					kann lange behalten

Problemlösungsverhalten

mechanisch, einfallslos					kreativ

Umwelt- und Erfahrungswissen

gering					reichhaltig

Optische und akustische Wahrnehmung

wenig differenziert					differenziert

Beachten von Einzelheiten

gering					ausgeprägt

Denkfähigkeit

undifferenziert					differenziert
unkritisch					kritisch

Verhalten bei Lernangeboten

desinteressiert					interessiert
Sonstige Verhaltensweisen bei Lernangeboten:					

Persönliche Verhaltensmerkmale

Antrieb

matt					kraftvoll, dynamisch

Selbstbeherrschung

unkontrolliert					beherrscht

Sicherheit

unsicher, ängstlich					sicher, selbstbewußt

Ausgeglichenheit

unausgeglichen					ausgeglichen

Gefühlsansprechbarkeit

kaum beeindruckbar					sensibel

Grundstimmung

ausgesprochen unfroh					ausgesprochen froh
Sonstige Verhaltensweisen:					

Körperbeherrschung

unbeholfen, steif					gewandt

Manuelle Geschicklichkeit

ungeschickt					fingerfertig, geschickt
Besondere Bemerkungen:					

Spezielle Interessen

Sprechen, Erzählen		
Lesen		
Schreiben		
Natur		
Sachwelt, Technik		
Mathematik		
Bildende Kunst		

Musik		
Sport		
Rollenspiel		
Bevorzugte Spielart		

Auffälligkeiten beim Erlernen des Lesens und Rechtschreibens

		1. Schuljahr Quartal				2. Schuljahr Quartal			
1.	Erraten von Wörtern								
2.	Verwechslung ähnlicher Wortbilder								
3.	Verwechslung ähnlicher Buchstaben								
4.	Schwierigkeiten beim Herauslösen von Buchstaben/Lauten/Silben								
4.1	optisch								
4.2	akustisch								
5.	Schwierigkeiten bei der Zuordnung von Lauten zu Lautzeichen u. umgekehrt								
6.	Mangelnde Differenzierung								
6.1	akustisch ähnlicher Laute (ü−i, eu−ei, g−k usw.)								
6.2	optisch ähnlicher Lautzeichen (z.B. Umkehrungen wie b−d, b−p)								
7.	Veränderungen in der Reihenfolge								
7.1	von Lautzeichen								
7.2	von Ziffern								
8.	Geringe Ausprägung der Lautnuancen beim Lesen und Sprechen								
9.	Schwierigkeiten beim Zusammenschleifen								
9.1	von Buchstaben zu Silben								
9.2	von Silben zu Wörtern								
10.	Schwierigkeiten beim Nachsprechen längerer Wörter								
11.	Linkshänder ja / nein								

2.1 Vorbereitende Kurzeintragungen sind Erinnerungshilfen und erleichtern schriftliche Aufzeichnungen

Beobachtungen werden zumeist außerhalb des regulären Unterrichts notiert, in der Pause, in einer Freistunde, nach dem Unterricht oder nachmittags. Im Verlauf des Unterrichts fällt »etwas« auf, das bedeutsam, u.U. sogar gravierend erscheint. Ich beabsichtige, das nachher festzuhalten und bin eigentlich sicher, die Besonderheit gerade dieser Situation, die mich geradezu beeindruckte, nicht nur bis nachher, sondern mindestens bis zur nächsten Klassenkonferenz, zum nächsten Zeugnistermin, zum nächsten Elternsprechtag präsent zu haben. Beginne ich dann, irgendwann im nachhinein, zu notieren, zeigen sich oft Unsicherheiten. Das unmittelbar Erlebte scheint sich in der jetzt einsetzenden Reflexion doch etwas anders darzustellen, der Ablauf dieser Unterrichtssequenz ist mir doch nicht mehr so eindeutig und, wie war das noch im Ablauf der Aktivitäten der unmittelbar Beteiligten? Während der Pausenaufsicht hatte ich doch einen ganz anderen Eindruck von ... usw.

Kurz: Manches von dem unmittelbaren Eindruck dieser einen bestimmten Unterrichtssequenz ist bereits durch neue Eindrücke überlagert und schränkt meine Niederschrift inhaltlich und formal ein.

Deshalb empfiehlt es sich, auch während des Unterrichts Kurzeintragungen vorzunehmen. Dafür lassen sich keine Rezepte geben, allenfalls Empfehlungen. Jeder muß den ihm gemäßen Weg selbst ausprobieren und herausfinden.

Abkürzungen und/oder Symbole erleichtern diese Aufgabe. Habe ich mich für bestimmte Abkürzungen oder Kürzel entschieden, sollte ich diese auch durchgehend beibehalten. Symbole sollten von der Anzahl her begrenzt werden. Zum Beispiel:

+ Ziel voll erreicht, überdurchschnittlich
0 Ziel erreicht, durchschnittlich
– Ziel noch nicht erreicht, unterdurchschnittlich

oder

0 unzureichend, Ziel noch nicht erreicht
1 gering, gelegentlich, Ziel teilweise erreicht
2 mittelmäßig, Ziel erreicht
3 beständig, Ziel voll erreicht

Eine zu weitgehende Ausdifferenzierung, wie auch beobachtbar, ist eher hinderlich:

++, +, $\oplus$, 0, $\ominus$, –, ––,

Will ich auf ganz bestimmte Verhaltensweisen achten, hilft ein entsprechend vorbereitetes Blatt (Stichworte), das als Strichliste benutzt wird.

Um ein Kind oder einige Kinder in einer Situation oder Unterrichtsstunde bzw. an einem Tag beobachten zu wollen, hilft ein einfacher Merkzettel mit den Namen und dahinter einige Leerfelder für Stichworte.

Name				
Name				
Name				
Name				

Stichworte erinnern beispielsweise daran:

- inwieweit ein Schülerbeitrag das Unterrichtsgeschehen voranbrachte bzw. hemm-te oder in eine nicht geplante Richtung lenkte
- welches Verhalten die Arbeit in einer Gruppe förderte bzw. behinderte
- daß hier Partnerarbeit positiv abläuft, dort aber nicht zustande kommt
- daß X in außergewöhnlicher Weise mitarbeitete, Y wiederum unverzüglich das Problem erkannte, Z eine praktische Lösung fand, sie aber nicht erklären konnte
- daß eine besondere Leistung beachtet wird
- daß Auffälligkeiten positiver bzw. negativer Art das Bild von einem Kind ergän-zen, bestätigen oder korrigieren können

Stichpunkte als erste Notizen erinnern an bedeutsame Situationen.

Zum Beispiel: Fö   5 lesen
              4 schreiben: 2 D/2 G.

Diese Notiz erinnert an ein Gespräch in einer Fördergruppe eines dritten Schuljahres. Die Kinder waren zur Selbsteinschätzung aufgerufen. Fünf Kinder stellten für sich fest, daß ihre Schwierigkeiten wohl darin ihren Grund haben, nicht immer zu verste-hen, was sie lesen. Sie möchten deshalb im Förderunterricht insbesondere Lesen üben.

Vier Kinder ordneten ihre Schwierigkeiten dem schriftlichen Sprachgebrauch zu, davon zwei der Rechtschreibung (von den Kindern durch »Diktat« ausgedrückt) und zwei der schriftlichen Gestaltung (ausgedrückt durch »Geschichten schreiben«). Bei den beiden zuletzt genannten Kindern handelte es sich um Aussiedler aus Rußland, deren Hauptschwierigkeit im grammatikalischen Bereich liegt, die zurecht als gravie-render erkannt wurde gegenüber auch vorhandenen Rechtschreibschwierigkeiten. Rechtschreiben (Merkwörter üben) meinten die beiden, könnten sie wohl auch allein üben, aber beim »Geschichten schreiben« brauchten sie richtige »Hilfe«.

Aufgrund der Notiz fällt noch vieles mehr ein. Hier sei nur zusammengefaßt fest-gestellt, daß sich die Kinder richtig einschätzten. Lediglich bei den Leseschwachen wurde im Einzelfall in geringem Maße gesteuert. Die Kinder präsentieren aufgrund erkannter Bedürfnisse geradezu ein Förderkonzept, das der inhaltlichen Gestaltung durch die Lehrkraft bedarf.

Die Notiz »schiefe Ebene/Meßverfahren« erinnert an folgende Unterrichtssitua-tion:

Sachunterricht in einem vierten Schuljahr mit dem Thema: Wir machen rollfähig. Gearbeitet wurde in Gruppen mit gleicher Aufgabenstellung unter Verwendung von Fertig-, Halbfertig- und Primitivmaterial. Eine Gruppe, die mit Primitivmaterial gearbeitet hatte, gab ihren fertiggestellten Produkten nicht nur attraktive Namen, sondern wollte auch die Funktionstüchtigkeit der Fahrzeuge überprüfen (war nicht als Aufgabe gestellt). Dazu wurde eine schiefe Ebene errichtet, der Neigungswinkel wurde durch Probieren so gewählt, daß alle gebauten Fahrzeuge die schiefe Ebene hinunterrollen konnten. Ergebnis: Die Fahrzeuge rollen unterschiedlich weit. Meinung: Die rollen auch verschieden schnell; hier sind die Kinder jedoch nicht sicher. »Unterschiedlich weit, das können wir sehen!« »Mit der Geschwindigkeit, das denken wir uns bloß so; wir wissen das aber nicht so richtig.« Es wurde nach Meßverfahren gesucht, dabei wurde das Gespräch lebhafter, andere Gruppen mischten sich ein. Gründe für die Unterschiede wurden gesucht. Eine zweite Gruppe baute eine schiefe Ebene. Die Gruppe, die mit Fertigmaterial gearbeitet hatte, will eine schiefe Ebene für eigene Versuche »mieten«. Produkte aus unterschiedlichen Materialien sollten auf Leistungsfähigkeit überprüft werden. Erkenntnis: Wird nur dann richtig, wenn dieselbe schiefe Ebene benutzt wird. Ein praktikables Meßverfahren für die Entfernung wurde herausgefunden und angewendet. Für die Geschwindigkeitsüberprüfung fanden die Kinder kein geeignetes Verfahren, auch die Benutzung einer Stoppuhr befriedigte nicht. Das wurde von den Kindern akzeptiert mit dem Bemerken: »Da müßten wir ein Radargerät haben, so wie die Polizei.«

Die Kurzeintragung erinnerte nicht nur an die Unterrichtssituation, sondern führte auch zu Erkenntnissen hinsichtlich der Kreativität, des Arbeits- und Sozialverhaltens, des naturwissenschaftlichen Denkens, des technischen und mathematischen Verständnisses sowie der Kommunikationsfähigkeit und -bereitschaft. Das eigene Verhalten der Lehrkraft wurde bewußt nachvollzogen; es ergaben sich zwangsläufig Konsequenzen für die weitere Lernplanung.

Gewiß führt nicht jede Kurznotiz zu solch umfänglicher Reflexion; Unterrichtsstunden, in denen so viel kreative Aktivität der Kinder freigesetzt wird, sind aber auch nicht die Regel.

Ein drittes Beispiel von vielen möglichen sei noch angeführt: »Rebecca/Palme«.

R. fragte die Lehrerin, ob sie morgen mit der Klasse (2. Schuljahr) etwas basteln dürfe. Sie darf. Der Verlauf war für die Lehrerin in mehrfacher Hinsicht aufschlußreich.

Zuerst wurde die Aufgabe genannt: Wir wollen eine Palme basteln. Dazu brauchen wir (Materialbereitstellung) den Zeichenblock, Kleber, Schere und Buntstifte. R. kontrollierte. Die Aufgabe war in Arbeitsschritte zerlegt, die vorgemacht und nachvollzogen wurden. Hilfen wurden bei jedem Arbeitsschritt entweder durch erneutes Vormachen oder im Einzelfall gegeben, gegenseitiges Helfen war gestattet. Die Aufgabe wurde gelöst ohne Eingreifen der Lehrerin. Keine Unsicherheit bei R. Nur zum Abschluß die Frage an die Lehrerin, ob als Hausaufgabe Kokosnüsse an die Palmen gebastelt werden könnten?

Die Lehrerin erkannte in R.s Verhalten weitgehend sich selbst. Die Klasse macht mit. Wider Erwarten kein unterschiedliches Verhalten bei Mädchen und Jungen, wohl aber im Einzelfall. Auffälligkeiten im Arbeitsverhalten bei wenigen Kindern, bei einigen Kindern Unsicherheit im Sozialverhalten, alle waren bereit, sich anzustrengen. Es entstand nicht die Situation des »Schulespielens«, vielmehr wurde R.s Leistung anerkannt. Von den Kindern ganz allgemein, von der Lehrerin insbesondere hinsichtlich des folgerichtig durchgeführten Ablaufs, der Ausdauer, der Konzentrationsfähigkeit und des sprachlichen Vermögens. Daß für die Lehrerin auch die Auffälligkeiten einiger Kinder von Interesse waren, ist hinzuzufügen.

Hilfreich sind auch kurze Notizen über etwas, das besonders auffiel, sei es erfreulich, bedrückend, ärgerlich oder überraschend gewesen.

3. Klarheit und Eindeutigkeit in der sprachlichen Form ermöglichen eine kurze, knappe Darstellung.

Wie in Kapitel VI., 2.1 bereits aufgezeigt, gilt auch hier: Es gibt lediglich Hinweise, Empfehlungen bzw. Ratschläge, es kann keine Rezeptvorschläge geben. Formulierungshilfen, ob Mustertexte oder Formulierungsbeispiele, können nur allgemein gehaltene Vorschläge sein, die eine Tendenz aufzeigen, denen aber der personale Bezug fehlen muß. Erst der unmittelbare Bezug zu einem Kind in der jeweils gegebenen Situation macht eine Notiz, eine Eintragung, einen Bericht, ein Gutachten aussagekräftig, weil nur dann die unterschiedlichen persönlichen Voraussetzungen und das unterschiedliche Umfeld berücksichtigt werden und damit zugleich einer Stigmatisierung vorgebeugt wird. Beobachtungsergebnisse helfen zunächst, die Kinder besser kennenzulernen. Beobachtungsergebnisse sollten nicht von vornherein auf Zensierung fixiert sein. Formulierungsbeispielen gedanklich Noten zuordnen zu wollen, wäre ein völlig falscher Ansatz, der pädagogisch sinnvolles Tun aufgrund der Beobachtung behindert oder gar verhindert.

Machen wir uns noch einmal bewußt, daß schriftlich fixierte Beobachtungsergebnisse für den innerschulischen Gebrauch gedacht sind. Adressaten sind letztlich wir selbst und andere Lehrkräfte. Das bedeutet für die Formulierung, Fachtermini können verwandt werden, auch dann, wenn Erziehungsberechtigte in Schülerbögen Einsicht nehmen können. Dann kann ich Eintragungen erläutern, so daß Eltern mit den Aussagen etwas anfangen können und nicht aufgrund ihrer Erwartenshaltung u.U. falsch interpretieren.

Innerschulischer Gebrauch meint, Beobachtungsergebnisse in Form von Verlaufs- und/oder Zustandsberichten beschreiben. Bei ausreichender Zahl von Beobachtungsergebnissen diese interpretieren und daraus Konsequenzen ziehen, indem pädagogisch adäquate Maßnahmen geplant, eingeleitet und durchgeführt werden. Der nach Durchführung erreichte neue Ist-Zustand zeigt Perspektiven für weiteres pädagogisches Handeln auf und kann Beurteilungsgrundlage sein. Aufzeichnungen von Beobachtungsergebnissen sollen weder wissenschaftliche, psychologisch-charakterologische Darstellungen sein, noch Allgemeinheiten, Redensarten oder Unklarheiten enthalten.

Sie sind dann wertvoll, wenn sie neben Leistung und Verhalten (im weitesten Sinne) eines Kindes, auch Ziele und Absichten sowie Entwicklung aufdecken.

Bei Aufzeichnungen werden häufig Begriffe von Eigenschaften verwendet bzw. Verhaltensweisen beschrieben. Zum Beispiel:

NN war heute fleißig.
…   ist oft unkonzentriert.
…   ist hilfsbereit.
…   zeigt sich willig.
…   ist offensichtlich gut begabt.
…   hat ein heiteres Wesen.
…   arbeitet selbständig.
…   braucht Anleitung und Hilfe.
…   ist kaum hinreichend begabt.
…   ist oft unsicher.
…   kann nicht selbständig arbeiten.
…   zeigt sich wenig gewandt, eher schwerfällig.
…   stört den Unterricht.
…   ist aggressiv.
…   verhält sich unsozial.
…   kann sich nicht einordnen.
…   ist ungezogen und frech.
…   redet ständig dazwischen.
…   ist faul.

Das sind weder sachliche Beschreibungen noch werden Möglichkeiten der Änderung genannt. »Fleißig« und ähnliche Eigenschaftswörter sind lediglich abgekürzte Beschreibungen kindlichen Benehmens, sie beschreiben weder eine Situation noch sagen sie etwas über mögliche Gründe aus oder zeigen sinnvolle Fördermaßnahmen auf. Ist ein Kind faul, weil es jeder Belastung ausweichen will, Anstrengungen besonderer Art bzw. in bestimmten Situationen vermeiden möchte, sein Unvermögen demonstrieren will oder weil es andere (u.U. Eltern) herausfordern will, Druck Widerstand leisten oder auf diese Weise Macht zeigen möchte bzw. weil es dadurch Aufmerksamkeit erregen und Zuwendung einfordern möchte? Zeigt sich ein Kind unbegabt aufgrund geringer Intelligenz im engeren Sinne, oder liegen Schwächen vor im Bereich der Merkfähigkeit, Ausdauer, Affektivität, des Temperaments, oder verhindert allgemeine bzw. partielle Interessenlosigkeit wünschenswerte und erforderliche Aufgeschlossenheit?

Verhält sich ein Kind frech aus Unsicherheit, Überheblichkeit, Übermut, Trotz? Durch die Verwendung solcher u.ä. Eigenschaftswörter bei Aufzeichnungen wird bereits gewertet, manchmal sogar durch typisierende Bezeichnungen abgestempelt.

Das ist nicht Aufgabe der schriftlichen Fixierung von Beobachtungsergebnissen. Beobachtung geht immer von einer einmaligen Situation aus, deren Beschreibung im Imperfekt erfolgen sollte. Wenn weiterfolgend Beispiele aufgezeigt werden, sind wir uns bewußt, daß wir dabei jeweils ein Kind in einer bestimmten Situation im Blick haben, d.h. eine nicht wiederholbare bzw. übertragbare Einmaligkeit beschreiben.

NN half K. ohne Aufforderung beim Sortieren und Einordnen der Arbeitsmappe für
    den Sachunterricht
… äußerte sich zum ersten Mal sprachlich klar zum Thema verwandtschaftliche Beziehungen (weiter beobachten: Interesse oder Betroffenheit?)
… erzählte anschaulich von einer Brockenwanderung
… berichtete zusammenhängend vom Spiel seiner Mannschaft gegen ...
… eilte in lustiger Weise seine Wochenenderlebnisse im Morgenkreis mit, Sprachkompetenz teilweise überfordernd
… überraschte im Deutschunterricht durch tiefschürfende Gedankengänge (bisher nie zugetraut)
… regte mit gezielten Fragen zum Thema Stromkreis zu weiterem Nachdenken an
… beteiligte sich mit durchdachten Beiträgen am Gespräch über die Lektüre »Anna vor der Tür«
… zeigte diese Woche in Mathematik mündlich weit bessere mündliche Leistungen als schriftlich
… resignierte, weil Sprachkompetenz und Sachwissen erheblich differierten (SU: Maschinen)
… fand in der Phase der Freiarbeit keinen Partner und igelte sich ein
… erkannte, daß ich ihn bewußt übersehe und signalisiert Verständnis

Schwierigkeiten, Schwächen oder Defizite aufzeigen ist deshalb problematisch, weil weit verbreitet die Meinung vorherrscht, Negatives sollte (darf) nicht gesagt werden. Das führt zum Verschleiern unzureichender Leistungen und zum Verstecken von Kritik in z.T. spitzfindigen Formulierungen. Das gilt für das Formulieren von Beobachtungsergebnissen, gravierender noch für Gutachten und Beurteilungen. Schwächen und Defizite sowie Schwierigkeiten müssen aufgezeigt werden. Sie sollten verbunden werden mit möglichen Hilfen und entsprechenden Maßnahmen der Förderung.

NN fehlen noch grundlegende Sprachkenntnisse, um sich verständlich zu machen
    (Fö!)
… spricht immer noch auffallend langsam (Elterngespräch)
… hat Probleme, Sätze zu bilden (nach Gründen suchen)
… müßte deutlicher artikulieren (gezielt weiter beobachten, Fachl. befragen, Sprecherziehung oder Sprachheilunterricht?)
… hat Schwierigkeiten, sich auf das Wesentliche zu beschränken (Konzentration?, Mitteilungsbedürfnis?, Übereifer?)
… kann nicht abwarten, unterbricht andere beim Sprechen (Fachl. befragen)
… verwechselt die Begriffe Tausch- und Umkehraufgabe (im SU beobachten)

... vernachlässigt Sorgfalt und Genauigkeit, möchte immer erster sein
... hat beim Umgang mit Heft, Stift, Lineal, Dreieck Koordinationsprobleme Auge – Hand
... hat Schwierigkeiten beim Vergleichen, Ordnen und Zuordnen
... kann Versuchsergebnis nicht als Antwort auf eine Frage erkennen
... hat Schwierigkeiten, Lage- und Richtungsempfinden zu koordinieren
... hält bei der Wiedergabe von Erlebtem die richtige Reihenfolge nicht ein
... verliert sich beim Umsetzen von Bild in Sprache in Nebensächlichkeiten
... ist nicht bereit, Rücksicht zu nehmen; Zusammenarbeit problematisch u.ä.

Bei der Beurteilung eines Kindes fragen wir uns oft: Ist das noch eine ausreichende Leistung oder überwiegen bereits die Mängel? Befriedigend oder ist vielleicht die Tendenz zu ausreichend doch stärker? Eigentlich müßte sehr gut beurteilt werden, so ganz sicher ist das aber doch nicht, wenn ich bedenke, überlege, vergleiche ...

Beachten wir im Vorfeld der Beurteilung die Aktivitäten der Kinder auch daraufhin, inwieweit produktiv bzw. reproduktiv mitgearbeitet wird, helfen uns solche Beobachtungsergebnisse in fraglichen Fällen, besser entscheiden zu können. Zum Beispiel:

NN stellt im SU und in Mathematik gezielte Rückfragen
... erkennt bei Beobachtungsaufgaben selbst Zusammenhänge
... kann Fakten miteinander in Beziehung setzen (wenn – dann), kausales Denken
... ordnet sein Vorwissen dem Thema »Richtige Ernährung« zu und folgert daraus logisch
... äußert Zweifel beim Thema Müllverwertung und begründet sachlich
... schlägt Lösungsmöglichkeit bei Sachaufgaben vor
... erkennt das Problem (Stromkreis) und modifiziert für sich den Arbeitsauftrag
... erbringt im Deutschunterricht erstaunliche Transferleistungen (Bild → Rollenspiel, Text → Nacherzählung)

oder

NN beantwortet 5 von 6 Fragen zum Thema Post sachlich richtig
... kann bereits geklärte Zusammenhänge (Multiplikation – verkürzte Addition) sachlich richtig wiedergeben
... benennt die Wachstumsbedingungen sachlich richtig
... erklärt, wie man – 29 schnell und sicher rechnen kann
... trainiert das Nachschlagen im Wörterbuch auf Zeit
... übt Merkwörter in Schemasätzen
... macht Vorwissen an Personen fest (meine Mutter hat ..., meine große Schwester ist ..., meine Tante sagt ..., mein Opa will ...)

Lob und Tadel sind bedeutsame Erziehungsmittel. Mehr loben als tadeln ist ein gerechtfertigter, pädagogischer Anspruch. Und die Wirklichkeit? Prüfen wir uns selbst, indem wir uns wieder klar machen:

Lob bezieht sich auf konkretes Verhalten, auf Leistung, auf ein Arbeitsergebnis. Lob als personenbezogene Pauschalaussage ist eher Effekthascherei und kann Kindern kaum helfen, zu ihrer Ich-Kompetenz (Roth) zu finden. Was hilft es, zu sagen:

Du bist gut begabt.
Du bist hilfsbereit.
Du bist im Rechnen gut.
Du bist strebsam.
Du bist willig.
Du bist heiter.
Du schreibst schön.
Du kannst bei mehr Fleiß noch bessere Leistungen erbringen.

Das hilft dem Kind nur scheinbar, im Moment der Aussage ein positives Empfinden hervorrufend. Und danach, Fragen an sich selbst, Meinungen anderer Kinder, auch Kritik und Abwertung der Aussage bis hin zu Störungen im sozialen Gefüge der Lerngruppe. Kinder wollen (müssen) wissen, wofür sie konkret gelobt werden, darauf müssen wir die schriftliche Fixierung unserer Beobachtungsergebnisse abstellen. Zum Beispiel:

NN hat heute mit weniger Fehlern gerechnet als letzte Woche
… hat die Hausaufgaben mit großer Sorgfalt und nach Form und Schrift uneingeschränkt gut erledigt
… konnte heute die Merkwörter auch in anderem textl. Zusammenhang fehlerfrei schreiben
… hat betont (sinnentnehmend) und flüssig vorgelesen
… kann sich in beeindruckender Weise zurücknehmen, obwohl er sich seiner Leistungsfähigkeit bewußt ist
… hilft M. ohne Aufforderung bei der Korrektur seiner Niederschrift
… spielt in dieser Woche zum dritten Mal mit U. (Außenseiter) und versucht diese in »ihre« Gruppe zu integrieren

Wird gelobt, und es gibt immer etwas zu loben, sollte es auf jeden Fall ohne Einschränkung geschehen. Jede Einschränkung enthält für den Adressaten eine indirekte Kritik und damit einen leichten Tadel. Dann ist es ehrlicher, auf das Lob zu verzichten, eigentlich ist es auch humaner. Ein eingeschränktes Lob formulieren zu sollen, gleich für welche Adressaten, kann nicht befriedigen, sondern nur unzufrieden machen. Deshalb sollten wir uns im Interesse der Kinder, aber auch im eigenen Interesse Einträge wie die folgenden, weil für niemanden hilfreich, ersparen.

NN zeigte sich mehrfach hilfsbereit. (reicht die Hilfsbereitschaft?)
– hat relativ gut gelesen, das kann er aber noch besser
– ist allgemein willig, kann aber auch auf »stur« schalten
– schreibt schön, wenn er ausreichend Zeit hat
– arbeitet zuverlässig, wenn ihn das Thema interessiert
– kann gut mit anderen arbeiten, wenn es seine Wunschpartner sind

Als Anmerkung sei in diesem Zusammenhang gestattet zu sagen: Eltern am Lob teilhaben lassen, nicht nur an der Kritik, fördert die Zusammenarbeit. Sei es ein Hinweis unter einer Arbeit (– hat heute fehlerfrei abgeschrieben) oder ein Eintrag ins Mitteilungsheft (– hat das Gedicht gut vorgetragen).

Lob in Kurzform kann verbal oder symbolhaft erfolgen; aber bitte kein gestaffeltes System als Notenersatz, bei dem beispielsweise aus der Anzahl der Strahlen eines Sternes oder der Anzahl der Punkte auf einem Marienkäfer Wertigkeit ablesbar ist.

Beim Finden eigener Formulierungen helfen Gespräche mit Kolleginnen und Kollegen, die zumeist als informelle Gespräche geführt werden (Pausengespräche, Gespräche vor Unterrichtsbeginn und nach Beendigung des Unterrichts, halbdienstliche oder private Treffs). Wünschenswert und zu begrüßen. Informelle Gespräche stoßen dann an die Grenze ihrer Möglichkeiten, wenn es um die Frage längerfristiger Strategien und um die Setzung von Handlungsnormen geht. Ohne Setzung von Handlungsnormen ist zielgerichtetes Handeln am Kind erschwert, und die Schule macht sich angreifbar und erschwert oder verhindert gar den Schritt zu einem eigenen Profil, zur Selbständigkeit sowie zur Akzeptanz.

Konferenzabsprachen und ggf. entsprechende Beschlüsse sind eine weitere, eigentlich notwendige Hilfe.

Im Gespräch mit dem Kind die Einschätzung seiner eigenen Leistung bzw. Gründe für bestimmte Verhaltensweisen herauszufinden suchen, hilft ebenfalls, treffend zu formulieren.

In Lehrerfortbildungsveranstaltungen, insbesondere bei der Durchführung schulinterner Fortbildung, diesen Bereich thematisieren, ist gewinnbringend für den einzelnen und für die Schule.

Werden Mustertexte, Formulierungshilfen, Literatur zu Rate gezogen, ergibt sich eine Fülle von Anregungen. Dabei ist stets zu bedenken: Es kann sich nur um Anregungen handeln, die beispielhaft Tendenzen aufzeigen. Einfach so übernehmen, weil es so gut klingt oder aus welchem anderen Grund auch immer, würde Kindern nicht gerecht werden. Es wäre eher der Versuch, ein Kind in eine vorgegebene Formulierung »hineinzupassen«.

Auf das Kind bezogen formulieren kann geübt werden. Zum Beispiel:

Eine Woche lang täglich über ein Kind *einen* aussagekräftigen Satz aufschreiben. Beim Überprüfen sollte man sich fragen:

- Sagen die Sätze jeweils soviel aus, daß die Situation wieder erinnert wird?
- Wurden nur besondere Auffälligkeiten positiver oder negativer Art aufgeschrieben?
- Ist auch regelkonformes Verhalten notiert worden?
- Sind die Sätze spontan aufgeschrieben worden oder mußte nachgedacht bzw. überlegt werden?
- Lassen sich die Aussagen möglicherweise jeweils einer bestimmten Unterrichtsphase zuordnen?

- Ergibt sich im nachhinein u.U. ein Schwerpunkt, den zu beschreiben ursprünglich gar nicht beabsichtigt war?
- Wurde beschreibend oder wertend notiert?

Sicherlich gibt es keine grundsätzlich wertfreien Beschreibungsbegriffe, lediglich mehr oder weniger wertfreie. Es kann aber gesagt werden, daß bei adjektivischer und/oder substantivischer Schilderung die Gefahr subjektiver Wertung gegeben ist. Aussagen in beschreibender Form werden besser durch den Gebrauch von Verben und Adverbien formuliert. Solche Art Reflexion steigert den Übungswert, lenkt den Blick auf Wesentliches und stärkt das Formulierungsvermögen.

Oder:

Mit zwei Sätzen die Beobachtung einer bestimmten Situation so aufschreiben, daß sie wieder gegenwärtig ist, erfordert bereits viel Konzentration. Die Übung ist variabel, es läßt sich anhand eines Fotos, aufgrund einer Kurznotiz oder aus der Erinnerung schreiben. Sich selbst auffordern, ein unauffälliges Kind in zehn Sätzen zu beschreiben, zwingt zu klaren, eindeutigen Aussagen. Vielleicht ist es einfacher, erst einmal ein auffälliges Kind in zehn Sätzen zu beschreiben?

Als Ergebnis solcher oder ähnlicher Übungen kann zumindest festgehalten werden, daß ich mich selbst zu steigend exakterer Beobachtung auffordere und daß ich andererseits erkenne, wo meine Stärken bzw. Schwächen bei der Beobachtung an sich bzw. bei der Formulierung der Ergebnisse liegen.

Die Erkenntnis, daß es im schulischen Alltag nicht darum geht, den Charakter eines Kindes zu ergründen, sondern das Verhalten zu beschreiben, persönliche Lernfortschritte festzustellen und ggf. zu bewerten, erbrachte Leistungen an grundlegenden Anforderungen zu messen und Möglichkeiten zum Weiterlernen aufzuzeigen und zu organisieren, macht einsichtig, daß Schülerbeobachtung als pädagogischer Auftrag leistbar ist und entscheidend dazu beiträgt, den schulischen Alltag zu bewältigen, um ihn gestalten zu können.

4. Kategoriensysteme können hilfreich sein

Sowohl für die Schülerbeobachtung als auch als Hilfe für die Beurteilung gibt es eine Vielzahl von Verfahrensvorschlägen und ein sehr umfängliches Angebot an Instrumentarien. Beschreibungsschemata, gleich welcher Art, können nur als Vorschlag verstanden werden, die jeweils zutreffende Beobachtung dieses einen (individuellen) Falles selbständig zu entdecken und festzuhalten. Sie dienen zugleich der Orientierung, lehren Tatsachen zu sehen, erinnern an Fakten und helfen, Einzelbeobachtungen in ein Bezugssystem einzuordnen. Damit können sie auch Orientierungshilfe sein und zu zielgerichteter Beobachtung anleiten.

Soll aus der Fülle der Möglichkeiten ausgewählt werden, was sinnvoll ist und deshalb zweckmäßigerweise verwendet werden soll, ist die persönliche Affinität zu ... nicht alleiniges Auswahlkriterium.

Zu prüfen ist auch, ob Schemata so angelegt sind, daß Eintragungen helfen, Kindern das Weiterlernen zu ermöglichen und sie fundierter und damit gerechter beurteilen zu können, oder ob Kategorien gewählt wurden, bei denen Eintragungen dem Informationsbedürfnis und dem Legitimationsinteresse der Schule als Institution dienen.

- Sind Merkmalsgruppen bzw. Merkmalsreihen innerhalb eines Schemas so geordnet, daß organisch zusammengehörende Tatbestände auch jeweils zusammengefaßt wurden
- Läßt sich innerhalb vorgegebener Kategorien frei protokollieren, oder bin ich zu entschiedener Festlegung verbal bzw. symbolhaft aufgefordert

Letzteres ist bei Schätzskalen der Fall, die oft im sozial-emotionalen Bereich verwendet werden. Anhand vorgegebener Kategorien, die entweder übernommen oder vereinbart wurden, wird das zu beobachtende Schülerverhalten entweder quantitativ (vorhanden/nicht vorhanden) und/oder qualitativ (nach Ausprägungsgrad) festgehalten. Wenn Klarheit darüber besteht, daß dieses Verfahren keine Verhaltensabläufe sichtbar machen kann, schlägt die Erhöhung der Beobachtungsobjektivität subjektiv zu Buche.

Beispielhaft seien zwei Rasterentwürfe zur schnellen Fixierung von Schülerbeobachtungen vorgestellt.

Rasterentwurf zur schnellen Fixierung von Schülerbeobachtung

Name	Selbständigkeit			Ausdauer		Arbeitsgenauigkeit			Sozialverhalten				Kreativität		
	bei kognitiver Aufgabenstellung	bei affektiver Aufgabenstellung	bei manueller Aufgabenstellung	Schwierigkeitsgrad	Zeitspanne	Gründlichkeit	Sorgfalt	Aufgabenbewältigung	Zusammenarbeit	Kontakte	Problemlösungen	Meinungsbildung	Ideen entwickeln	unbekannte Aufgaben ausprobieren	neue Lösungswege finden und verfolgen
Skala	0 = gar nicht 1 = gelegentlich 2 = häufig 3 = immer			0 = – 1 = gering 2 = mittel 3 = groß		0 = gar nicht 1 = nur bei Aufford. 2 = bei Gelegenheit 3 = von sich aus			0 = gar nicht 1 = weicht aus 2 = behauptet sich 3 = von sich aus für andere				0 = gar nicht 1 = gelegentlich 2 = häufig 3 = sehr häufig		

Name	Selbständigkeit			Ausdauer			Genauigkeit			Zeit		
	a) allein	b) gelegentl. Hilfe	c) ständige Hilfe	a) längere Ausdauer	b) normale Ausdauer	c) kurze Ausdauer	a) besonders gründlich	b) gründlich	c) nicht gründlich genug	a) kürzere Zeit als vorgesehen	b) vorgesehene Zeit	c) mehr Zeit als vorgesehen

Der von Bartnitzky/Christiani in dem Buch »Zeugnisschreiben in der Grundschule« (Düsseldorf 1979) vorgeschlagene Beobachtungsbogen ist sowohl als personenbezogener Beobachtungsbogen wie auch als Klassenbogen u.E. praktikabel. Es lassen sich Merkmalsgruppen zusammenfassen, unter denen jeweils beobachtetes Verhalten angekreuzt wird, Beobachtungen werden mit Datum versehen, und Situation sowie beobachtetes Verhalten können frei beschrieben werden.

Der Bogen läßt sich dem Bedarf entsprechend leicht modifizieren. Als personenbezogener Beobachtungsbogen z.B.

Kontaktfähigkeit	Kooperationsfähigkeit	Selbständigkeit	Leistungsbereitschaft	Kritikfähigkeit	Verläßlichkeit	Produktivität	Datum	Situation	Beobachtung
									Name des Schülers: NN — Klasse 1c — Schulj. 1990/91
x	x		x		x		30.08.		fand sich problemlos zurecht, orientierte sich im Klassenraum und im Raum Schule umsichtig, fügte sich reibungslos in den zeitlichen Ablauf des Schulvormittags ein und fand schnell Kontakt zur L.n und zu Mitschülern, dominierte in der Tischgruppe, verteilte Material, half, blieb immer ruhig, arbeitete interessiert mit
	x						11.09.	Morgenkreis	erzählte zusammenhängend von einem Besuch im Vogelpark
	x				x		15.09.	Sachunterr.	verglich Ernte auf dem Feld mit Ernte im Garten und begründete Maschineneinsatz auf dem Feld
	x				x		20.10.	Helferaufg.	half ohne Aufforderung M., bereits seit längerer Zeit beobachtet, zeigte sich geschickt und geduldig, Hilfe wird angenommen
		x			x		03.11.	Math.	erklärte anschaulich, wie sie Zuordnungsaufgaben löst
							25.11.	Pausengespräch	fühlte sich zurückgesetzt, möchte öfter drankommen, meldet sich doch immer, anerkannte Hinweis auf Mitschüler, blieb dabei, doch wenigstens etwas öfter dranzukommen
		x	x		x		02.12.	Kunst	bastelte mit großem Interesse, konnte Vorstellung jedoch kaum umsetzen, Schwierigkeiten im Umgang mit Schere und Kleber

Aufgabenverständnis	Arbeitsplanung	Anstrengungsbereitschaft	Ausdauer	Arbeitsgenauigkeit	Arbeitsausführung	Aufmerksamkeit	Datum	Situation	Name des Schülers / Beobachtung
									NN — Klasse 2a — Schulj. 1990/91
x	x					x	25.08.	Sach-unterr.	gliederte den eigenen Tageslauf und ordnete zeitlich (Uhrzeit) Beschäftigungen präzise zu, möchte Bilder einfügen
		x	x			x	06.09.	Deutsch	Arbeitstempo und Ausdauer sind unterschiedlich, schnell und ausdauernd bei mündlicher Wiedergabe sowie bei Zuordnungsaufgaben, zögernd und leicht ablenkbar beim schriftlichen Gestalten
x					x	x	24.09.	Math.	übertrug Größer-Kleiner-Beziehung auf Geldwerte (mehr-weniger), genaue Vorstellung verschiedener Einkaufsvorgänge, konnte auf Beträge herausgeben, auch wenn es sich um zwei oder drei Einzelposten handelte
x	x	x				x	12.10.	Übung	erfaßte zweigliedrigen Arbeitsauftrag für gramm. Übung schnell, begann die Arbeit zweckmäßig, blieb aber nicht bis zum Ende bei der Sache, mußte mit Bestimmtheit angehalten werden, die Aufgabe zu vollenden, Arbeitsausführung entsprach nicht dem Vermögen (im Gegensatz zu »Aufsatz« und Sachunterricht)

Sprachfähigkeit	Merkfähigkeit	Konzentrationsfähigkeit	Beobachtungsfähigkeit	Gliederungsfähigkeit	Gestaltungsfähigkeit	Lernfähigkeit	Datum	Situation	Name des Schülers / Beobachtung
									Klasse: 3d **Schulj.:** 1990/91 — NN
x	x			x	x	x	25.08.	Lese-tagebuch	erkannte nach Aufgabenstellung Funktion des Doppelblattes, stellte Zusammenhang zwischen bildlicher und schriftlicher Darstellung her und entschied für sich die Zuordnung, der verfügbare Raum wurde für das Bild ansprechend gestaltet, für den schriftl. Bereich gelang das nicht (Vorstellung und Wirklichkeit differieren?)
	x				x	x	10.09.	Musik	setzte Musik geschickt in Bewegung um, zeigte keine Bereitschaft, Bild- oder Textaussagen instrumental darzustellen
x	x	x				x	28.09.	Math.	setzte schnell und einfallsreich vorgegebene Rechenaufgaben in Rechengeschichten um, hatte richtig Spaß daran, versuchte szenische Darstellung; der umgekehrte Weg fällt nach wie vor schwer
	x		x	x		x	08.10.	Werken	Kinderzimmer bei vorgegebener Raumgröße (Schuhkarton) nach eigenem Wunsch einrichten: Spiel- und Arbeitsbereich sofort erkannt und unter Ausnutzung des verfügbaren Raums gestaltet, der Hinweis, daß der Schlaf- bzw. Ruhebereich fehlt, bereitet Probleme, weil Wunsch und Sachzwang (Raumgröße) nicht in Einklang gebracht werden, zunächst Resignation, dann Neubeginn, wenig Neigung zu differenzierter Gestaltung
x		x			x	x	17.10.	Sach-unterr.	konnte Windrad zweckentsprechend herstellen, Geschick im Umgang mit Pappe, Messer, Schere, Lineal, entdeckte Funktion und beschrieb diese, schlug andere Modelle zur Erprobung vor

115

Der personenbezogene Beobachtungsbogen nach Bartnitzky/Christiani läßt sich selbstverständlich auch den Vorgaben der Bundesländer anpassen. Zum Beispiel

Arbeitsverhalten	Selbständigkeit	Ausdauer	Arbeitsgenauigkeit	besondere Interessen	besondere Fähigkeiten	Fertigkeiten	Datum	Situation	Name des Schülers / Beobachtung	Klasse	Schulj.
									NN	4b	1990/91
x		x	x	x	x		23.04.	freie Arbeit	bevorzugte wieder heimatgeschichtl. Aufgaben, holte sich 2 Bücher aus der Schülerbücherei, interpretierte und ergänzte Bericht aus der Chronik, Menschen interessanter als Denkmal oder Kirche, arbeitete zielbewußt, schätzte sein Können richtig ein und forderte sich entsprechend		
x	x	x	x			x	29.04.	Sach-unterr.	erledigte Beobachtungsaufgabe (Wachstum versch. Bohnen) sorgfältig bis zum Ende, zeigte Geschick im Umgang mit Lineal und Zollstock sowie beim Anlegen einer Tabelle, errichtete zweckmäßige Stützvorrichtung, pflegte regelmäßig		
x	x			x	x		14.05.	Deutsch	beschränkte sich bei Inhaltsangabe auf Wesentliches, kombinierte Teilaspekte zu verkürztem Handlungsablauf, Lust an Sprachspielereien		
x		x		x	x		22.05.	Geo-metrie	konnte Würfelnetz aus der Vorstellung beschreiben, fertigte Netz geschickt an und fügte zum Würfel zusammen, überlegter Handlungsablauf, zügiges Arbeitstempo bei sorgfältiger Ausführung		
	x	x	x		x	x	03.06.	Sach-unterr.	Beleuchtung für Kinderzimmermodell: legte Lichtquellen überlegt fest, verdeckte Kabelführung zur Batterie, Schalter im Zugriffsbereich, Vorkenntnisse parat, geschickter Umgang mit Werkzeug, Feinmotorik gut entwickelt, Arbeitsschritte logisch abgefolgt, exakt funktionierende Präzisionsarbeit		

In Klassenbögen lassen sich sowohl die in personenbezogenen Bögen vorgenommenen Eintragungen zusammenfassen als auch fachbezogene mündliche und schriftliche Arbeitsergebnisse sowie besondere Leistungen festhalten. Für jedes Kind sollten die Ergebnisse halbjährlich eingetragen werden. Die Verwendung von Symbolen bei den mündlichen Leistungen erleichtert die Übersicht.

Drei Beispiele für fachbezogene Klassenbögen:

Klassenbogen
Fach: Sachunterricht Klasse: 2d Schuljahr: 1990/91

Name	Lernzielkontrollen		Mündliche Leistungen							besondere Hinweise
	Test	besondere Arbeiten	Beobachtg. wiedergeben	Vergleiche anstellen	Vorwissen zuordnen	Vermutungen begründen	Versuche beschreiben	Fachbegriffe anwenden	Gesamturteil	
NN			−	∅	−	−	∅	−	−	1. Halbjahr 2. Halbjahr
NN			+	∅	+	+	+	+	+	

Klassenbogen
Fach: Mathematik Klasse: 3b Schuljahr: 1990/91

Name	Schriftliche Lernzielkontrollen										Mündliche Leistungen							besondere Hinweise
											Kopfrechnen	Fachsprache anwenden	Reflexion über Inhalte	Sachaufgaben umsetzen	mathemat. Denken	logische Abfolge	Gesamturteil	
NN											$\varnothing$	$\varnothing$	$\varnothing$	$\varnothing$	$\varnothing$	$\varnothing$	$\varnothing$	1. Halbjahr 2. Halbjahr
NN											+	$\varnothing$	–	$\varnothing$	–	$\varnothing$	$\varnothing$	

Klassenbogen
Fach: Deutsch Klasse: 4a Schuljahr: 1990/91

Name	Schriftliche Lernzielkontrollen		Mündliche Leistungen							besondere Hinweise
	Diktate	Aufsätze	Gespräch	Sachverhalte	Wesentliches	Erzählen	verständlich/treffend	zusammenhängend	Gesamturteil	
NN			∅	−	∅	+	∅	+	∅	1. Halbjahr 2. Halbjahr
NN										

VII. Schulen finden ihren eigenen Einstieg

Wir greifen abschließend wieder auf, was wir u.a. im Vorwort sagten: Schülerbeobachtung stößt dort auf Grenzen, wo Erkenntnisse ohne Konsequenzen bleiben müssen. Schule als kooperatives System verlangt verantwortliche Teilnahme aller Beteiligten. Verantwortlich teilnehmen schließt die Bereitschaft, auch bewußt zu geben, ein. Verantwortliche Teilnahme als Voraussetzung sinnvoller Zusammenarbeit wird erleichtert, wenn die Schule zweckentsprechende Handlungsnormen entwickelt (hat).

Überwiegend sind informelle »Konferenzen« Schwerpunkt kooperativen Handelns, zumeist aus Anlaß akuter Einzelfälle, die vergleichend und wertend besprochen werden und Reaktionen einfordern. Informelle Konferenzen, deren Bedeutung keinesfalls in Frage gestellt wird, sind kein geeignetes Instrumentarium, längerfristige Strategien festzulegen oder Handlungsnormen zu vereinbaren. Diese gehören aber zu den unverzichtbaren Voraussetzungen für zielgerichtetes Handeln am Kind und sind von den zuständigen Konferenzen zu erarbeiten.

Ansatzpunkte sind in der Regel Leistungsbewertung und/oder Verhaltensweisen. So wurde z.B. in der Gesamtkonferenz der Schule A ein personenbezogener Beobachtungsbogen für die Klassen 0 bis 2 entwickelt und die Benutzung vereinbart. Auf der ersten Seite sind 17 Persönlichkeitsmerkmale aufgeführt; jedes Merkmal hat fünf Abstufungen, die durch Ankreuzen gekennzeichnet werden.

Beispielsweise:

Gedächtnis					
schwach				X		zuverlässig

Die Merkmale beziehen sich auf Körpergeschick, Sozialverhalten, Arbeitsverhalten, Fähigkeiten und mathematisches Verständnis.

Auf Seite zwei sind, frei formuliert, Beobachtungen einzutragen, die das betreffende Kind besonders kennzeichnen.

Die Gesamtkonferenz der Schule B entwickelte einen personenbezogenen Beobachtungsbogen für die ersten 6 Schulwochen, der zugleich als Klassenbogen verwendet werden kann.

Zum Beispiel für den mathematischen Bereich:

Schuljahr: Klasse: Name	kann bis ... zählen	kann von 10 rückwärts zählen	kann linear geordnete Mengen bis ... auszählen	kann ungeordnete Mengen bis ... auszählen	kann Mengen herstellen	kann Mengen bis ... vergleichen	erfaßt Zahlbilder simultan	kann Ziffern bis ... lesen	kennt die Farben	kennt die Formen ▲●■
NN										
NN										

Für die Lese-Entwicklung bzw. die Entwicklung des Schreibens stellt der Beobachtungsbogen in Form von Fragen Möglichkeiten gezielter Beobachtung vor, die im Ergebnis auch die Entwicklung aufzeigen.

Gezielte Beobachtungen während der ersten sechs Wochen werden allgemein unter doppelter Zielsetzung für notwendig erachtet. Schulfähigkeit soll fundierter festgestellt werden, und die Lernvoraussetzungen für die Teilnahme an der Lehrgangsarbeit sollen erkannt werden. Bei der Erstellung von Beobachtungskategorien orientieren sich die Konferenzen an den Kriterien zur Feststellung der Schulfähigkeit unter Heranziehung von Beispielen aus der Literatur. Der soziale und der kognitive Bereich werden etwa gleichgewichtig berücksichtigt, der körperliche und emotionale Bereich werden in der Bedeutsamkeit unterschiedlich gesehen.

Unter Verzicht auf eine detaillierte Auflistung soll das verdeutlicht werden.

Schule B1:
- Sozialverhalten, Persönlichkeit
- Aufmerksamkeit
- Ausdauer, Konzentration
- Bewegung, Motorik
- Merkfähigkeit, Instruktionsverständnis

- Farbtüchtigkeit, Begriffsbildung
- sprachliche Ausdrucksfähigkeit
- optische Wahrnehmung
- akustische Wahrnehmung
- mathematische Fähigkeiten

Schule B2:
- Grobmotorik
- Feinmotorik
- visuelle Wahrnehmungsfähigkeit
- akustische Wahrnehmungsfähigkeit
- taktile Wahrnehmungsfähigkeit
- Sprach- und Sprechfähigkeit
- Begriffsbildung
- Anweisungsverständnis
- Mengenverständnis
- Umweltkenntnisse
- Konzentrationsfähigkeit
- Ausdauer
- Merkfähigkeit

Schule B3:
- Ankunft des Kindes (in der Schule)
- soziales und emotionales Verhalten
- Spielen
- Sprachverhalten
- Arbeitsverhalten
- Motorik
- Bemerkungen

Konferenzen treffen z.T. auch Vereinbarungen über das Verfahren. So hat die Konferenz der Schule C z.B. festgelegt, daß die Beobachtungen hauptsächlich durch die Klassenlehrkraft erfolgen, anfangs in Teilgruppen, sofern das aufgrund der Klassenstärke gerechtfertigt ist. In Zweifelsfällen werden andere Erstklaßlehrkräfte zugezogen. Vor Entscheidung über eine evtl. Zurückstellung hospitiert der/die Schulleiter(in).

Das Verfahren befriedigt so nicht, die Konferenz sucht nach besseren Möglichkeiten der Zusammenarbeit.

Schule C1:
Die Leiterin des Schulkindergartens »unterrichtet« in den ersten 6 Schulwochen je zwei Stunden in den ersten Klassen. Die Kinder werden in den Stunden der Doppelbesetzung unter bestimmten Schwerpunkten beobachtet (Feinmotorik, Regelver-

ständnis, Merkfähigkeit usw.). Die Beobachtungsergebnisse werden nach Absprache in ein dafür angelegtes Heft eingetragen. Beobachtungen der Fachlehrkräfte (Sport, Religion) werden ergänzend dazu eingetragen.

Wöchentlich findet eine gemeinsame Spielstunde von Schulkindergarten und erster Klasse statt. Klassenlehrerin und Leiterin des Schulkindergartens sind anwesend. Gute Beobachtungsmöglichkeiten aufgrund der Doppelbesetzung, der anderen Räumlichkeit, der anderen Spielmaterialien und der Gruppenzusammensetzung.

(Stundenausgleich durch Teilnahme der Schulkindergartenkinder am Unterricht der ersten Klasse.)

Schule D vereinbarte Bereiche zur Erfassung der Lernausgangslage und ordnete diesen Bereichen geeignete Situationen für die Beobachtung zu.

Folgende Bereiche wurden für geeignet erachtet:
– Grobmotorik
– Feinmotorik
– Raumorientierung
– Raumlagebeziehungen
– optische Wahrnehmungs- und Differenzierungsfähigkeit
– akustische Wahrnehmungs- und Differenzierungsfähigkeit
– taktile Wahrnehmungs- und Differenzierungsfähigkeit
– Wahrnehmungskonstanz
– Sprach- und Sprechfähigkeit
– Formerfassung und Formwiedergabe
– Konzentrationsvermögen
– Aufgabenverständnis
– Merkfähigkeit
– Ausdauer

Schule E legte Grundsätze für Leistungsbewertung und Beurteilung in den Fächern Erstunterricht, Deutsch, Mathematik und Sachunterricht fest. Die vom Kollegium der Schule erarbeiteten Empfehlungen zur Schülerbeobachtung, Leistungsmessung und Leistungsbewertung wurden von der Gesamtkonferenz verabschiedet und sollen von allen Lehrkräften der Schule als Hilfe verwendet werden.

Zu diesen Empfehlungen gehören:
– Schülerbegleitbogen für Klassen 1/2
– Lernstand in dem Lehrgang Lesen
– Lernstand in dem Lehrgang Schreiben
– Lernstand in dem Lehrgang Mathematik
– Schülerbegleitbogen für Klassen 3/4
– Diktatformen und Zensierung
– Empfehlungen zur Aufsatzbeurteilung
– Empfehlungen zur Beurteilung der Leseleistung

- Empfehlungen zur Beurteilung des Lernfeldes »Sprache betrachten«
- Empfehlungen zur Beurteilung im Sachunterricht
- Empfehlungen zur Beurteilung der Mathematik-Leistungen.

Die detaillierten Angaben zu den einzelnen Empfehlungen sind weitgehend zugleich Beobachtungshinweise.

Die aufgezeigten Möglichkeiten, Kollegien für die Aufgabe zu motivieren und in den Auftrag einzubinden, sollen anregen, nicht festlegen. Deshalb wurde bewußt auf weitere Ausdifferenzierung verzichtet. Sie sind insofern mehr als Beispiele, als den jeweils Beteiligten im Verlauf der vorbereitenden Arbeit ihre Funktion im Hinblick auf das geplante gemeinsame Handeln bewußt(er) wird.

Die Absicht, in der Sache Schülerbeobachtung zusammenarbeiten zu wollen, entwickelt sich bei zunehmender Konkretisierung zur Frage nach der Qualität der Zusammenarbeit. Zu den Kriterien Zielorientierung und Rechtsorientierung, die als sachimmanent angesehen werden können, treten, zumindest als fragwürdig, die Kriterien Dienstleistungsorientierung und Systemorientierung.

Wird das Ergebnis einer zu beschließenden Vereinbarung unter Maßgabe des Auftrages an die Grundschule mit den Grundfunktionen Sozialisation und Qualifikation geprüft, ist zugleich das Verständnis von Schule eines jeden einzelnen auf dem Prüfstand.

Die fachlich-sachliche Kompetenz ist entwicklungsfähig, wenn es so gewollt wird.

Literaturverzeichnis

Aster, R./Merkens, H. (Hrsg.): Teilnehmende Beobachtung, Werkstattberichte und methodologische Reflexionen, Frankfurt 1989

Atzesberger, M./Hahn, E: Schülerbeobachtung – Schülerbeurteilung – Schülerhilfe. Schwäbisch Gmünd 1971/72

Bärsch, W.: Das schwierige Kind in der Schule. Esslingen 1968

Barnitzki, H.: Zensurfreie Zeugnisse: ja – aber wie? In: Die Grundschule 1981 Heft 5

Benner, D./Ramsegger, J.: Wenn die Schule sich öffnet. München 1981

Besser, H./Ziegenspeck, J.: Verfahren zur Schülerbeobachtung und Schülerbeurteilung. In: Schulmanagement 1976 l, S. 64–66

Besser, H./Wöbcke, M./Ziegenspeck, J.: Schülerbeobachtung und Schülerbeurteilung – 36 Thesen zu 7 Aspekten. In: Die deutsche Schule 68/1976/2 S. 104–108

Besser, H./Wöbcke, M./Ziegenspeck, J.: Der Schülerbeobachtungsbogen. Westermann 1977

Bieber, H.: Schülerbeobachtung. In: WPB 2/1950/3 S. 103–106

Bildungsgesamtplan, Bd. I. Stuttgart 1974, 2. Aufl.

Bleidick, U.: Das sonderpädagogische Gutachten. – Praktische Anleitung zur Beobachtung und Beurteilung von Sonderschulkindern. Berlin 1966

Bolscho, D./Schwarzer, Chr.: Beurteilen in der Grundschule. München 1979

Brezinka, W.: Metatheorie der Erziehung. München 1978

Burbach, K.-H.: Schülergutachten – eine Untersuchung über Schülerbeobachtung und Schülerbeurteilung. Hrsg. v.d. Hochschule für Internat. Päd. Forschung. Frankfurt/M. 1955

Bund-Länder-Kommission für Bildungsplanung und Forschungsförderung: Evaluation von Innovationen im Bereich der Grundschule/Primarschule. Bern 1983

Cranach, M. v./Franz, H.-G.: Systematische Beobachtung. Aus: Graumann, C.F. (Hrsg.): Sozialpsychologie. Reihe: Handbuch der Psychologie – Bd. 7 Göttingen 1964, S. 269–308

Deutscher Bildungsrat (Hrsg.): Begabung und Lernen. Stuttgart 1969

Deutscher Bildungsrat (Hrsg.): Strukturplan für das Bildungswesen. Stuttgart 1970

Dietrich, W.: Schülergutachten. Hannover 1965

Dohse, W.: Das Schulzeugnis – Sein Wesen und seine Problematik. Weinheim 1967

Donat, H.: Persönlichkeitsbeurteilung. München 1965

Dreikurs, R.: Psychologie im Klassenzimmer. Stuttgart 1968, 3. Auflage

Engelmeyer, O.: Beobachtung und Beurteilung des Schulkindes. Nürnberg 1949

Engelmeyer, O.: Pädagogische Psychologie für die Schulpraxis. München 1974

Engert: Beobachtung, Stichwort aus: Lexikon der Pädagogik, Bd. I. Freiburg 1952

Erlebach, E./Hoff, G./Ihlefeld, K./Zehner, K.: Schülerbeurteilung. Berlin 1975, 6. Aufl.

Erlebach, E.: Schülerbeurteilung. Berlin 1967

Friedrichs, J.: Teilnehmende Beobachtung, abweichendes Verhalten. Stuttgart 1973

Gehlen, A.: Der Mensch. Wiesbaden 1978

Giese, H.: Beobachtung, Stichwort aus: Roloff (Hrsg.) : Lexikon der Pädagogik, Freiburg 1913

Göller, A.: Zensuren und Zeugnisse. Stuttgart 1968

Graumann, C.F. (Hrsg.): Handbuch der Psychologie, Bd. 7. Göttingen 1964

Graumann, C.F./Heckhausen, H.: Reader zum Funkkolleg Pädagogische Psychologie I, S. 15, Frankfurt/Main

Hasemann, K.: Verhaltensbeobachtung und Verhaltensbeurteilung in der psychologischen Diagnostik. Göttingen 1964

Hehlmann, W.: Wörterbuch der Psychologie. Stuttgart 1959

Hischer, E.: Kindesbeobachtung – Kindesbeurteilung. Neuburgweier 1970

Höhn, E.: Der schlechte Schüler. München 1970

Hofer, M.: Die Schülerpersönlichkeit im Urteil des Lehrers. Weinheim 1970, 2. Aufl.

Huth, A.: Meine Schüler – Eine Beobachtungsanleitung für den Lehrer. Ansbach 1955, 3. Aufl.

Huth, A.: Handbuch psychologischer Eignungsuntersuchungen. Speyer 1953

Ingenkamp, K.: Pädagogische Diagnostik. Ein Forschungsbericht über Schülerbeurteilung in Europa. Weinheim 1975

Kienzle, R.: Schülerbeobachtung und Schülerbeurteilung. Eßlingen 1949

Klafki, W. u.a.: Schulnahe Curriculumentwicklung und Handlungsforschung: Forschungsbericht des Marburger Grundschulprojektes. Weinheim 1982

Klauer, K.J. (Hrsg.): Handbuch der Pädagogischen Diagnostik. Düsseldorf 1978

Kochan, B./Neuhaus-Simon, E. (Hrsg.) : Taschenlexikon Grundschule. Königstein 1979

Krope, P.: Zensur, Ausbildung und Gesellschaft. Essen 1976

Kury, H./Lerchenmüller, H. (Hrsg.): Schule, psychische Probleme und sozialabweichendes Verhalten – Situationsbeschreibung und Möglichkeiten der Prävention. Köln – Berlin – Bonn – München 1983 S. 187–221

Langner, A.: Lehrer beobachten und beurteilen Schüler. München 1983

Lichtenstein-Rother, I. (Hrsg.): Schulleistung und Leistungsschule. Bad Heilbrunn 1971

Mandl, H.: Kognitive Entwicklungsverläufe bei Grundschülern. München 1975

Mandl, H./Krapp, A. (Hrsg.): Schuleingangsdiagnose. Göttingen 1978

Merkens, H.: Überlegungen zu einer Theorie der Beobachtung. In: Unterrichtswissenschaft 1974, H. 2, S. 14–20

Ramseger, J.: Offener Unterricht in der Erprobung. Juventa Materialien, Bd. 33

Rollett, B.: Pädagogische Diagnostik. Aus: Roth, Leo (Hrsg.): Handlexikon zur Erziehungswissenschaft. München 1976

Rosemann, H.: Schülerbeurteilung. Berlin 1975

Rosenthal, R./Jacobson, L.: Pygmalion im Unterricht. Weinheim 1971

Roth, H.: Pädagogische Psychologie des Lehrens und Lernens. Hannover 1973, 14. Aufl.

Rousseau, J.J.: Emile oder über die Erziehung. Paderborn 1971

Rutter, M.: 15.000 Stunden. Weinheim 1980

Schmack, E.: Gundula Niemands erstes Zeugnis. Kastellaun 1977

Schröder, H.: Leistungsmessung und Schülerbeurteilung. Stuttgart 1974

Schmidt, G./Silkenbeumer, E.: Zensurenlose Zeugnisse. In: Interdisziplinäre Beiträge zur kriminologischen Forschung, Bd. 4: Schule, psychische Probleme und sozialabweichendes Verhalten – Situationsbeschreibung und Möglichkeiten der Prävention. Hrsg.: Kury, H./Lerchenmüller, H. Köln – Berlin – Bonn – München 1983, S. 187–221

Schröter, G.: Zensuren? Zensuren! Waldmannsweiler 1981

Schwark, W./Weiß, W.W./Regelein, S.: Beurteilen und Benoten in der Grundschule. München 1986

Stern, W.: Psychologie der frühen Kindheit bis zum 6. Lebensjahr. Heidelberg 1952

Stritzke, R. u.a.: Schüler kennen und beurteilen. Donauwörth 1982

Strunz, K.: Pädagogische Psychologie für Höhere Schulen. München 1959

Thomae, H.: Beobachtung und Beurteilung von Kindern und Jugendlichen. Basel 1963, 5. Aufl.

Ulich, D./Mertens, W.: Urteile über Schüler. Weinheim 1973

Weigert, E.: Schülerbeobachtung. In: Haarnann, D. (Hrsg.) Handbuch Grundschule, Bd. I. Weinheim 1992

Weiss, R.: Zensur und Zeugnis – Sein Wesen und seine Problematik. Weinheim 1967, 2. Aufl.

Ziegenspeck, J.: Zensur und Zeugnis in der Schule – Darstellung der allgemeinen Problematik und der gegenwärtigen Tendenzen. Hannover 1976, 2. Auflage

Zielinski, W.: Die Beurteilung von Schülerleistungen. In: Weinert, F. u.a. (Hrsg.) Funkkolleg Pädagogische Psychologie. Frankfurt/M. 1974, S. 877–900

REIHE »WERKSTATTBUCH GRUNDSCHULE«

Herausgegeben von Dieter Haarmann

Bisher erschienene Bände:

Blumenstock/Renner (Hrsg.):
Freies und angeleitetes Schreiben
142 Seiten.
ISBN 3-407-62131-0

Schernikau/Zahn (Hrsg.):
Frieden ist der Weg
204 Seiten.
ISBN 3-407-62129-9

Mann:
Selbstbestimmtes Rechtschreiblernen
77 Seiten.
ISBN 3-407-62134-5

Weigert/Weigert (Hrsg.):
Schuleingangsphase
153 Seiten.
ISBN 3-407-62127-2

Hegele (Hrsg.):
Lernziele: Freie Arbeit
181 Seiten.
ISBN 3-407-62105-1

Marquardt-Mau/Schmitt (Hrsg.)
Chima baut sich eine Uhr
151 Seiten.
ISBN 3-407-62128-0

Röber-Siekmeyer:
Die Schriftsprache entdecken
221 Seiten.
ISBN 3-407-62167-1

Fölling-Albers:
Schulkinder heute
130 Seiten.
ISBN 3-407-62160-4

Dagmar Wehr:
»Eigentlich ist es etwas Zärtliches«
84 Seiten.
ISBN 3-407-62168-X

In Vorbereitung:

Breuer/Weuffen:
Lernschwierigkeiten am Schulanfang
Ca. 148 Seiten.
ISBN 3-407-62170-1

Staudte (Hrsg.):
Ästhetisches Lernen auf neuen Wegen
Ca. 176 Seiten.
ISBN 3-407-62172-8

Wolf-Weber/Dehn:
Geschichten vom Schulanfang.
Ca. 88 Seiten.
ISBN 3-407-62174-4

Preisänderungen vorbehalten

Beltz Verlag · Postfach 10 01 54 · 6940 Weinheim

B_120